Pr. Sorin Benescu

Carte

de

binecuvântări

DEDICAȚIE

Fiicei mele Ecaterina:
Binecuvânteaz-o, Doamne, ajut-o să vorbească!

Cuprins

MULȚUMIRI

Mulțumesc soției mele, Dana,
pentru ajutorul acordat la tehnoredactare și corectare, pentru
susținerea fără de care cartea
nu ar fi putut să vadă lumina tiparului.

Pr. Sorin Benescu

> Motto: „*Binecuvântat eşti, Doamne,*
> *binecuvântat eşti singur,*
> *binecuvântat eşti, Milostive,*
> *prea binecuvântat...*"[1]

---

[1] Vezi https://archive.org/stream/SfantulSimeonNoulTeolog-ImnurileimneleIubiriiDumnezeiesti/fantulSimeonNoulTeolog-ImnurileIubiriiDumnezeiesti_djvu.txt, accesat la data 15.02.2020, Sfântul Simeon Noul Teolog - Imnurile iubirii dumnezeieşti.

Cuvânt înainte

Este cu totul surprinzător că într-o lume desacralizată, aproape vulgarizată, cel puțin la nivelul exprimării, care pierde pe zi ce trece din bogăția, frumusețea și expresivitatea cuvântului, mai există oameni preocupați de cultivarea acestuia și nu într-un mod oarecare ci sub forma cuvântului bun, adică a binecuvântării.

Termenul **"binecuvântare"** este traducerea românească a latinescului **benedictio**, care, la rândul său, îl echivalează pe grecescul **evloghia**, toate avându-și rădăcina într-un verb care înseamna a **vorbi de bine**, **a lăuda**, **a cinsti**, **a sărbători**, a acorda unei ființe sau unei instituții o **poziție** cu totul **specială**, **privilegiată**. Uneori are înțelesul de „*laudă adusă*" (lui Dumnezeu) și acest sens biblic este transmis în toată liturghia ortodoxă în diferitele binecuvântări liturgice și în imnografie. Termenul ebraic דָּרֹב, desemnează mai mult decât o „*bună cuvântare*", este un act prin care se transmite sau se împărtășește un dar: în **Cartea Facerii darul vieții** (Facere 27.25-30), iar în toată tradiția biblică **darul lui Dumnezeu** în general sau sub forme particulare.

Cuvântul „*binecuvântare*" înseamnă să spui lucruri bune, în sensul de a pronunța cuvinte ce aduc binele. În actul binecuvântării, cuvântul e purtat dincolo de statutul său cotidian, „*profan*" și intră într-o zonă de o cu totul altă calificare: **e o bine cuvântare**. Binecuvântarea are funcția de **sigiliu**: ceea ce e binecuvântat este instituit astfel în plinătatea deschisă devenirii. Aceasta ocupă un loc important în ritualurile religioase, dar și în viața de zi cu zi a oamenilor și mulți credincioși se întreabă dacă este eficientă.

În realitate, acest lucru depinde atât de cel care o dă, cât și de cel care o primește. Cel care binecuvântează trebuie să fie purificat, dezinteresat, stăpân pe sine, plin de credință și evlavie. Cel care este binecuvântat să fie cel puțin receptiv, să-şi dorească perfecţionarea pe calea binelui. Dacă nu sunt îndeplinite condiţiile minime, binecuvântarea rămâne ineficientă.

Cuvântul Întrupat, Mântuitorul Iisus Hristos i-a învăţat pe oameni să le vorbească de bine semenilor: *„**Binecuvântaţi** pe cei ce vă blestemă, rugaţi-vă pentru cei ce vă fac necazuri"* (Lc 6, 28). Apostolul Pavel, reafirmă îndemnul lui Hristos în scrisorile sale către membrii Bisericii: *„**Binecuvântaţi** pe cei ce vă prigonesc, **binecuvântaţi**-i şi nu-i blestemaţi"* (Rom 12, 14).

Biserica totdeauna a accentuat importanţa binecuvântării în viaţa omului. Toate serviciile religioase oficiate în Biserica lui Hristos încep cu binecuvântarea lui Dumnezeu de către slujitor. Viaţa omului de la naştere şi până dincolo de mormânt, în veşnicie trebuie să stea sub semnul binecuvântării. Din nefericire, instituţia binecuvântării şi-a pierdut din importanţă în societatea actuală, în care omul post modern este centrat exclusiv pe propriile posibilităţi şi pe autodeterminare. Felul în care comunică acesta trădează sărăcie şi superficialitate interioară, cuvântul fiind atât de prescurtat prin metalimbajul creat de comunicarea în mediul on line, încât acesta arată mai mult a interjecţie, onomatopee, gângăveală sau chiar bâlbă în toată regula.

În Biblie, o binecuvântare este descrisă ca o marcă a relaţiei lui Dumnezeu cu o persoană sau o naţiune. Atunci când o persoană sau un grup sunt binecuvântaţi, harului lui Dumnezeu se răsfrânge asupra lor. Prin intermediul binecuvântării, o persoană sau mai multe participă la planurile lui Dumnezeu pentru lume şi umanitate.

Pe de o parte, Dumnezeu este singurul autor al binecuvântării, iar Aceasta se adresează nu numai unor fiinţe, ci şi unor instituţii. Binecuvântarea interumană este o rostire solemnă, însoţită de un **gest**, prin care o persoană invocă darurile lui Dumnezeu asupra altei persoane sau a unui grup. Gestul poate fi:

- ridicarea mâinilor asupra cuiva,
- punerea unei mâini pe capul persoanei binecuvântate,
- însemnarea ei cu semnul crucii, sau, atunci când e făcută de preot,
- semnul crucii cu degetele încrucişate;

prin tradiţie, arhiereul binecuvântează cu amândouă mâinile.

Într-o accepţie mai largă, binecuvântarea înseamnă **învoirea**, **acordul**, **permisiunea** dată cuiva de a face ceva: sensul acesta e folosit mai ales în limbajul bisericesc. Pe lângă toate acestea, binecuvântarea exprimă o *stare de fapt*, cum ar fi sănătatea, prosperitatea, belşugul. Cea mai veche binecuvântare interumană este binecuvântarea părinţilor asupra copiilor.

Prin binecuvântare, Dumnezeu întăreşte şi pecetluieşte legătura dintre soţ şi soţie, fiind invitaţi la rândul lor să se binecuvânteze reciproc. Dumnezeu cheamă părinţii să rostească binecuvântarea asupra copiilor şi viceversa.

Binecuvântarea aceasta nu este o lucrare magică care, prin rostirea unei formule, rezolvă totul. În Scriptură, descoperim rânduiala pe care Dumnezeu a aşezat-o, pentru ca binecuvântarea să poată fi rostită. Din cuprinsul Scripturii reiese clar că binecuvântarea trebuie rostită în numele lui Dumnezeu. Noi nu binecuvântăm prin ceea ce suntem noi.

Binecuvântarea trebuie rostită în numele lui Dumnezeu, asta-i prima condiţie. A doua condiţie, care derivă din prima, este aceea ca binecuvântarea să fie rostită de oameni care îşi trăiesc viaţa în lumina feţei lui Dumnezeu. Binecuvântarea rostită în numele Domnului de oameni care-şi trăiesc viaţa în lumina feţei lui Dumnezeu se răsfrânge în plan spiritual, social şi material. Trebuie să fim conştienţi că toate cuvintele pe care noi le rostim nu se pierd în timp. Mai devreme sau mai tarziu, ele ajung să se materializeze.

Lucrarea de faţă reprezintă un **florilegiu Scripturistic**, prin intermediul căruia, în mod sistematic, autorul încearcă să aducă la cunoştinţa publicului cititor toată pleiada de binecuvântări consemnate de aghiografi în Sfintele Scripturi. Acestea pot fi învăţate pe de rost şi exprimate de toţi aceia care doresc ca vieţile proprii şi cele ale semenilor să fie înnobilate cu darurile revărsate de Dumnezeu şi de oameni prin mijlocirea acestor binecuvântări.

Închei această succintă prezentare prin invocarea binecuvântării lui Dumnezeu asupra Părintelui Sorin Benescu, a familiei sfinţiei sale şi asupra tuturor celor care vor lectura acest volum:

Binecuvântarea Domnului, cu al său har şi a Sa iubire de oameni să fie cu noi toţi, acum şi în veci. Amin!

**Asist. Univ. Dr. Protos.
Maxim Vlad**

Carte de binecuvântări
(a se citi la început de an)

Binecuvântat este Dumnezeul nostru, totdeauna acum și pururea și în veci vecilor!

Rugăciunile începătoare...

Domnului să ne rugăm,

Să vă binecuvânteze Dumnezeu pe voi cu turme mari și fertile, cum a zis la început: *Prăsiți-vă și vă înmulțiți și umpleți apele mărilor și păsările să se înmulțească pe pământ!*[2]

Să vă binecuvânteze Dumnezeu pe voi, precum pe Adam și Eva: *Creșteți și vă înmulțiți și umpleți pământul și-l supuneți; și stăpâniți peste peștii mării, peste păsările cerului, peste toate animalele, peste toate viețățile ce se mișcă pe pământ și peste tot pământul!*[3]

Să vă binecuvânteze Dumnezeu pe voi cu odihnă, căci a zis: *Și a binecuvântat Dumnezeu ziua a șaptea și a sfințit-o, pentru că într-însa S-a odihnit de toate lucrurile Sale, pe care le-a făcut și le-a pus în rânduială.*[4]

Să vă binecuvânteze Dumnezeu pe voi, pe fiecare în parte, după numele fiecăruia, după cum a făcut cu primii oameni, când le-a pus numele de om: *Bărbat și femeie a făcut și i-a binecuvântat și le-a pus numele: Om.*[5]

Să vă binecuvânteze Dumnezeu pe voi, cum a făcut și cu Noe și fiii lui: *... și le-a zis: "Nașteți și vă înmulțiți și umpleți pământul și-l stăpâniți!*[6]

---

[2] Fac. 1.22.
[3] Fac. 1. 28.
[4] Fac. 2. 3.
[5] Fac. 5. 2.
[6] Fac. 9. 1.

Să vă binecuvânteze Dumnezeu pe voi, precum Noe a spus lui Sem: *Binecuvântat să fie Domnul Dumnezeul lui Sem!*[7]

Să vă binecuvânteze Dumnezeu pe voi, ca şi pe Avraam: *Eu voi ridica din tine un popor mare, te voi binecuvânta, voi mări numele tău şi vei fi izvor de binecuvântare.*[8]

Să vă binecuvânteze Dumnezeu pe voi, ca pe Avraam: *Binecuvânta-voi pe cei ce te vor binecuvânta, iar pe cei ce te vor blestema îi voi blestema; şi se vor binecuvânta întru tine toate neamurile pământului.*[9]

Să vă binecuvânteze Dumnezeu pe voi, cum a zis Melhisedec lui Avram: *Binecuvântat să fie Avram de Dumnezeu cel Preaînalt, Ziditorul cerului şi al pământului.*[10]

Să vă binecuvânteze Dumnezeu pe voi cu răspuns bun, cum a dat Melchisedec lui Avraam, ca să daţi jertfe la Sf. Altar: *Binecuvântat să fie Dumnezeul cel Preaînalt, Care a dat pe vrăjmaşii tăi în mâinile tale! Şi Avram i-a dat lui Melhisedec zeciuială din toate.*[11]

Să vă binecuvânteze Dumnezeu pe voi, precum pe Sarra: *Şi o voi binecuvânta şi-ţi voi da din ea un fiu; o voi binecuvânta şi va fi mamă de popoare şi regi peste popoare se vor ridica dintr-însa.*[12]

Să vă binecuvânteze Dumnezeu pe voi, cum a făcut cu Ismael: *... îl voi creşte şi-l voi înmulţi foarte, foarte tare; doisprezece voievozi se vor naşte din el şi voi face din el popor mare.*[13]

Să vă binecuvânteze Dumnezeu pe voi, ca pe Avraam: *Din Avraam cu adevărat se va ridica un popor*

---

[7] Fac. 9. 26.
[8] Fac. 12. 2.
[9] Fac. 12. 3.
[10] Fac. 14. 19.
[11] Fac. 14. 20.
[12] Fac. 17. 16.
[13] Fac. 17. 20.

mare şi tare şi   printr-însul se vor binecuvânta toate neamurile pământului.[14]

Să vă binecuvânteze Dumnezeu pe voi, ca pe Avraam: *Te voi binecuvânta cu binecuvântarea Mea şi voi înmulţi foarte neamul tău, ca să fie ca stelele cerului şi ca nisipul de pe ţărmul mării şi va stăpâni neamul tău cetăţile duşmanilor săi.*[15]

Să vă binecuvânteze Dumnezeu pe voi, ca pe Avraam: *Şi se vor binecuvânta prin neamul tău toate popoarele pământului, pentru că ai ascultat glasul Meu.*[16]

Să vă binecuvânteze Dumnezeu pe voi cu bătrâneţi fericite şi îmbelşugate, cum a dat lui Avraam: *Avraam era acum bătrân şi vechi de zile şi Domnul binecuvântase pe Avraam cu de toate.*[17]

Să vă binecuvânteze Dumnezeu pe voi cu reuşită în ceea ce faceţi, cum a ajutat pe sluga lui Avraam, ca să ziceţi unele ca acestea: *Binecuvântat să fie Domnul Dumnezeul stăpânului meu Avraam, Care n-a părăsit pe stăpânul meu cu mila şi bunăvoinţa Sa, de vreme ce m-a adus Domnul drept la casa fratelui stăpânului meu.*[18]

Să vă binecuvânteze Dumnezeu pe voi, să fiţi bine primiţi oriunde mergeţi şi să auziţi cum a auzit trimisul lui Avraam: *Intră, binecuvântatul Domnului! Pentru ce stai afară? Eu ţi-am gătit casă şi sălaş pentru cămilele tale!*[19]

Să vă binecuvânteze Dumnezeu pe voi, să aveţi tot ce vă trebuie şi să fiţi vorbiţi de bine, precum Avraam: *Domnul a binecuvântat foarte pe stăpânul meu şi l-a mărit şi i-a dat oi şi boi, argint şi aur, robi şi roabe, cămile şi asini.*[20]

Să vă binecuvânteze Dumnezeu pe voi cu înger

---

[14] Fac. 18. 18.
[15] Fac. 22. 17.
[16] Fac. 22. 18.
[17] Fac. 24. 1.
[18] Fac. 24. 27.
[19] Fac. 24. 31.
[20] Fac. 24. 35.

păzitor şi călăuzitor, cum a dăruit slugii lui Avraam: *Domnul Dumnezeu, înaintea Căruia umblu, va trimite cu tine pe îngerul Său, va binecuvânta calea ta şi vei lua femeie pentru feciorul meu din rudele mele şi din casa tatălui meu.*[21]

Să vă binecuvânteze Dumnezeu pe voi cu soţ sau soţie, fiecăruia după nevoia lui, cum a dăruit lui Isaac: *Am binecuvântat pe Domnul Dumnezeul stăpânului meu Avraam, Care m-a povăţuit de-a dreptul, ca să iau pe fata fratelui stăpânului meu pentru fiul lui.*[22]

Să vă binecuvânteze Dumnezeu pe voi, femei, cum a fost şi Rebeca: *Sora noastră, să se nască din tine mii şi zeci de mii şi să stăpânească urmaşii tăi porţile vrăjmaşilor lor!*[23]

Să vă binecuvânteze Dumnezeu pe voi acolo unde locuiţi, precum pe Isaac: *Locuieşte în ţara aceasta şi Eu voi fi cu tine şi te voi binecuvânta, că ţie şi urmaşilor tăi voi da toate ţinuturile acestea şi-Mi voi împlini jurământul cu care M-am jurat lui Avraam, tatăl tău.*[24]

Să vă binecuvânteze Dumnezeu pe voi cu urmaşi, ca şi pe Isaac: *Voi înmulţi pe urmaşii tăi ca stelele cerului şi voi da urmaşilor tăi toate ţinuturile acestea; şi se vor binecuvânta întru urmaşii tăi toate popoarele pământului.*[25]

Să vă binecuvânteze Dumnezeu pe voi cu roade îmbelşugate, ca pe Isaac: *Şi a semănat Isaac în pământul acela şi a cules anul acela rod însutit. Domnul l-a binecuvântat.*[26]

Să vă binecuvânteze Dumnezeu pe voi cu epifanii, cu urmaşi, precum a făcut cu Isaac: *În noaptea aceea i S-a arătat Domnul şi i-a zis: "Eu sunt Dumnezeul lui Avraam, tatăl tău! Nu te teme, că Eu sunt cu tine şi te voi binecuvânta şi voi înmulţi pe urmaşii tăi, pentru Avraam, sluga Mea.*[27]

---

[21] Fac. 24. 40.
[22] Fac. 24. 48.
[23] Fac. 24. 60.
[24] Fac. 26. 3.
[25] Fac. 26. 4.
[26] Fac. 26. 12.

Să vă binecuvânteze Dumnezeu pe voi, ca şi pe Iacov: *Iată, mirosul fiului meu e ca mirosul unui câmp bogat, pe care l-a binecuvântat Domnul. Să-ţi dea ţie Dumnezeu din roua cerului şi din belşugul pământului, pâine multă şi vin. Să-ţi slujească popoarele şi căpeteniile să se închine înaintea ta; să fii stăpân peste fraţii tăi şi feciorii mamei tale să ţi se închine ţie; cel ce te va blestema să fie blestemat şi binecuvântat să fie cel ce te va binecuvânta!*[28]

Să vă binecuvânteze Dumnezeu pe voi, ca pe Iacov: *Şi Dumnezeul cel Atotputernic să te binecuvânteze, să te crească şi să te înmulţească şi să răsară din tine popoare multe; să-ţi dea binecuvântarea lui Avraam, tatăl meu, ţie şi urmaşilor tăi ca să stăpâneşti pământul ce-l locuieşti acum şi pe care l-a dat Dumnezeu lui Avraam.*[29]

Să vă binecuvânteze Dumnezeu pe voi, cum a făcut cu Iacov, când a văzut scara: *Apoi S-a arătat Domnul în capul scării şi i-a zis: "Eu sunt Domnul, Dumnezeul lui Avraam, tatăl tău, şi Dumnezeul lui Isaac. Nu te teme! Pământul pe care dormi ţi-l voi da ţie şi urmaşilor tăi. Urmaşii tăi vor fi mulţi ca pulberea pământului şi tu te vei întinde la apus şi la răsărit, la miazănoapte şi la miazăzi, şi se vor binecuvânta întru tine şi întru urmaşii tăi toate neamurile pământului. Iată, Eu sunt cu tine şi te voi păzi în orice cale vei merge; te voi întoarce în pământul acesta şi nu te voi lăsa până nu voi împlini toate câte ţi-am spus".*[30]

Să vă binecuvânteze Dumnezeu pe voi cu bună luptă, cum a făcut cu Iacov: *Nu Te las până nu mă vei binecuvânta.*[31]

Să vă binecuvânteze Dumnezeu pe voi cu nume minunat, cum a numit pe Iacov: *...ci Israel te vei numi, că te-ai luptat cu Dumnezeu şi cu oamenii şi ai ieşit biruitor!"*[32]

---

[27] Fac. 26. 24.
[28] Fac. 27. 27-29.
[29] Fac. 28. 3-4.
[30] Fac. 28. 13-15.
[31] Fac. 32. 26.
[32] Fac. 32. 28.

Să vă binecuvânteze Dumnezeu pe voi, cum a zis lui Israel când i s-a arătat în Luz: *...în Luz, Se mai arată Dumnezeu lui Iacov, după întoarcerea lui din Mesopotamia, şi îl binecuvântă Dumnezeu, şi-i zise: "De acum nu te vei mai chema Iacov, ci Israel va fi numele tău". Şi-i puse numele Israel.*[33]

Să vă binecuvânteze Dumnezeu pe voi, cum a făcut cu casa lui Putifar, pentru Iosif: *...a binecuvântat Domnul casa egipteanului pentru Iosif şi era binecuvântarea Domnului peste tot ce avea el în casa şi în ţarina sa.*[34]

Să vă binecuvânteze Dumnezeu pe voi şi pe pruncii voştri, cum Israel a făcut cu copiii lui Iosif: *Dumnezeul, înaintea Căruia au umblat părinţii mei: Avraam şi Isaac, Dumnezeul Cel ce m-a călăuzit de când sunt şi până în ziua aceasta; îngerul ce m-a izbăvit pe mine de tot răul să binecuvânteze pruncii aceştia, să poarte ei numele meu şi numele părinţilor mei: Avraam şi Isaac, şi să crească din ei mulţime mare pe pământ!*[35]

Să vă binecuvânteze Dumnezeu pe voi, ca pe Efraim şi pe Manase: *Şi i-a binecuvântat pe ei în ziua aceea, zicând: "Cu voi se va binecuvânta în Israel şi se va zice: Dumnezeu să te facă aşa ca pe Efraim şi ca pe Manase!" Şi aşa a pus mâna pe Efraim înaintea lui Manase.*[36]

Dumnezeu cel Atotputernic - El să vă binecuvânteze; de la El să vină harul, de sus din ceruri, binecuvântări care întrec binecuvântările munţilor celor din veac şi frumuseţea dealurilor celor veşnice. Toate acestea să fie peste capetele voastre![37]

Zile de odihnă să aveţi, căci *în şase zile a făcut Domnul cerul şi pământul, marea şi toate cele ce sunt într-însele, iar în ziua a şaptea S-a odihnit. De aceea a*

---

[33] Fac. 35. 9-10.
[34] Fac. 39. 5.
[35] Fac. 48. 15-16.
[36] Fac. 48. 20.
[37] Fac. 49. 25-26.

binecuvântat Domnul ziua a şaptea şi a sfinţit-o.[38]

Să Îl chemaţi în rugăciune, căci a spus : *în tot locul unde voi pune pomenirea numelui Meu, acolo voi veni la tine, ca să te binecuvântez.*[39]

Slujiţi numai Domnului Dumnezeului şi El va binecuvânta pâinea voastră, vinul vostru, apa voastră şi va abate bolile de la voi.[40]

Să vă binecuvânteze Dumnezeu pe voi, precum Moise pe fiii lui Israel după terminarea Cortului: *Şi privi Moise toată lucrarea şi iată ei o făcuseră aşa cum poruncise Domnul şi Moise i-a binecuvântat.*[41]

Să vă binecuvânteze Dumnezeu pe voi, precum Aaron a zis spre fiii lui Israel: *şi-a ridicat Aaron mâinile sale asupra poporului şi l-a binecuvântat.*[42]

Să vă binecuvânteze Dumnezeu pe voi, cum Aaron şi Moise au zis către fiii lui Israel: *...au intrat Moise şi Aaron în cortul adunării şi când au ieşit au binecuvântat tot poporul; atunci s-a arătat slava Domnului la tot poporul. Şi ieşind foc de la Domnul, a mistuit pe jertfelnic arderea de tot şi grăsimea. Şi văzând tot poporul a scos strigăte de bucurie şi a căzut cu faţa la pământ.*[43]

Să vă binecuvânteze Dumnezeu pe voi cu ani sabatici: *Vă voi trimite binecuvântarea Mea în anul al şaselea şi va aduce roadele sale pentru trei ani.*[44]

Să vă binecuvânteze Dumnezeu pe voi cu mulţi copii, precum pe fiii lui Israel: *Căuta-voi spre voi şi vă voi binecuvânta; veţi avea copii, vă voi înmulţi şi voi fi statornic în legământul Meu cu voi.*[45]

---

[38] Exod 20.21.

[39] Exod 20.24.

[40] Exod 23.25.

[41] Exod 39.43.

[42] Lev. 9.22.

[43] Lev. 9.23-24.

[44] Lev. 25.21.

[45] Lev. 26.9.

Să vă binecuvânteze Domnul şi să vă păzească![46]

Să caute Domnul asupra voastră cu faţă veselă şi să vă miluiască![47]

Să-Şi întoarcă Domnul faţa Sa către voi şi să vă dăruiască pace![48]

Cel ce vă binecuvântează, binecuvântat să fie, şi cel ce vă blesteamă să fie blestemat![49]

Domnul Dumnezeul să vă înmulţească de o mie de ori mai mult decât sunteţi acum![50]

Domnul Dumnezeul să sporească tot lucrul mâinilor voastre şi să vă ocrotească în timpul călătoriilor voastre, cum a făcut cu copiii lui Israel: *Domnul Dumnezeul tău, Israele, te-a binecuvântat în tot lucrul mâinilor tale şi te-a ocrotit în timpul călătoriei tale prin pustiul acesta mare şi înfricoşător. Iată, de patruzeci de ani Domnul Dumnezeul tău este cu tine şi n-ai dus lipsă de nimic.*[51]

Domnul Dumnezeu să vă iubească, să vă înmulţească.

Domnul Dumnezeu să vă binecuvânteze pe voi, cum a făcut cu fiii şi fiicele lui Israel: *Te va iubi, te va binecuvânta, te va înmulţi şi va binecuvânta rodul pântecelui tău, rodul pământului tău, pâinea ta, vinul tău, untdelemnul tău, pe cele născute ale vitelor tale mari şi ale oilor turmei tale în pământul acela, pentru care S-a jurat El părinţilor tăi să ţi-l dea ţie.*[52]

Să nu fie sterp sau stearpă nici între ai voştri, nici între dobitoacele voastre: *Şi vei fi binecuvântat mai mult decât toate popoarele şi nu se va afla sterp sau stearpă nici între ai tăi, nici între dobitoacele tale.*[53]

---

[46] Num. 6.24.

[47] Num. 6.25.

[48] Num. 6.26.

[49] Num. 24.9.

[50] Deut. 1.11.

[51] Deut. 2.7.

[52] Deut. 7.13.

Când însă veţi mânca şi vă veţi sătura, să binecuvântaţi pe Domnul Dumnezeul pentru cele bune pe care vi le-a dat.[54]

Binecuvântare veţi avea, dacă veţi asculta poruncile Domnului Dumnezeu.[55]

Şi să vină şi străinul şi orfanul şi văduva care se află lângă voi şi să mănânce şi să se sature, ca să vă binecuvânteze Domnul Dumnezeul în toate lucrurile mâinilor voastre, pe care le veţi face voi.[56]

Să nu se facă ochiul vostru nemilostiv către fraţii cei săraci şi să-i treceţi cu vederea; *ci dă, dă şi împrumuturi câte vor cere şi cât va trebui, şi când îi vei da, să nu se întristeze inima voastră, ci înzestrează-l din turmele tale, din aria ta, de la teascul tău; dă-i şi lui din cele cu care te-a binecuvântat Domnul Dumnezeul tău; căci pentru aceasta vă va binecuvânta Domnul Dumnezeul tău în toate lucrurile voastre şi în toate câte se vor lucra de mâinile voastre.*[57]

Fiecare să vină cu dar în mâna sa, după cum l-a binecuvântat Domnul Dumnezeu.[58]

Să transforme Domnul Dumnezeu orice blestem asupra voastră în binecuvântare, după cum nu a ascultat pe Valaam: *Dar Domnul Dumnezeul tău n-a voit să asculte pe Valaam şi a prefăcut Domnul Dumnezeul tău blestemul lui în binecuvântare pentru tine, pentru că Domnul Dumnezeul tău te iubeşte.*[59]

Când vei secera holda în ţarina ta şi vei uita vreun snop în ţarină, să nu te întorci să-l iei, ci lasă-l să rămână al străinului, săracului, orfanului şi văduvei, ca Domnul Dumnezeul tău să te binecuvânteze întru toate lucrurile

---

[53] Deut. 7.14.
[54] Deut. 8.10.
[55] Deut. 11.27.
[56] Deut. 14.29.
[57] Deut. 15.10,14.
[58] Deut. 16.17.
[59] Deut. 23.5.

mâinilor tale.[60]

Caută din locaşul Tău cel sfânt, din ceruri, şi binecuvântează, Doamne, pe poporul Tău, pe cei ce sunt de faţă, şi pământul pe care ni l-ai dat nouă![61]

Ascultaţi glasul Domnului Dumnezeu, şi să vină asupra voastră toate binecuvântările acestea şi să se împlinească asupra voastră:

Binecuvântat să fii în cetate şi binecuvântat să fii în ţarină;

Binecuvântat să fie rodul pântecelui tău, rodul pământului tău, rodul dobitoacelor tale;

Binecuvântate să fie hambarele tale şi cămările tale;

Binecuvântat să fii la intrarea ta în casă şi binecuvântat să fii la ieşirea ta din casă;

Să îţi trimită Domnul binecuvântare peste grânarele tale şi peste tot lucrul mâinilor tale şi să te binecuvânteze în pământul pe care Domnul Dumnezeul ţi-l dă;

Domnul îţi va deschide comoara Sa cea bună, cerul, ca să dea ploaie pământului tău la vreme şi ca să binecuvânteze toate lucrurile mâinilor tale; şi vei da împrumut, iar tu nu vei lua împrumut; vei domni, iar nu vor domni peste tine;[62]

Să iubiţi pe Domnul Dumnezeu, să umblaţi în toate căile Lui şi să împliniţi poruncile Lui, hotărârile Lui şi legile Lui, ca să trăiţi şi să vă înmulţiţi şi să vă binecuvânteze Domnul Dumnezeu pe pământul pe care îl veţi stăpâni.[63]

---

[60] Deut. 24.19.
[61] Deut. 26.15.
[62] Deut. 28.2-12.
[63] Deut. 30.16.

Domnul Dumnezeu să împlinească cuvintele cu care Moise a binecuvântat pe fiii lui Israel înainte de moartea sa, să dea fiecăruia după casa și trebuința lui:

Venit-a Domnul din Sinai și ni S-a descoperit întru slava Sa în Seir; strălucit-a din Munții Paranului și a ieșit cu mulțime mare de sfinți, având la dreapta focul legii.

Cu adevărat El a iubit pe poporul Său. Toți sfinții Lui sunt sub mâna Lui și au căzut la picioarele Lui ca să asculte cuvintele Lui.

Moise ne-a dat o lege, moștenire a obștii lui Iacov;

El a fost regele lui Israel, când se adunau căpeteniile popoarelor împreună cu semințiile lui Israel.

Să trăiască Ruben și să nu moară, și Simeon să nu fie puțin la număr!

Iar pentru Iuda a zis acestea: "Ascultă, Doamne, glasul lui Iuda și adu-l la poporul său; cu mâinile sale să se apere și Tu să-i fii ajutor împotriva vrăjmașilor lui".

Pentru Levi a zis: "Urimul Tău, Doamne, și Tumimul Tău să fie pentru bărbatul Tău cel sfânt, pe care Tu l-ai încercat la Massa și cu care Tu Te-ai certat la apele Meribei;

Care a zis de tatăl său și de mama sa: "Nu i-am văzut", și pe frații săi nu i-a cunoscut și de fiii săi nu știe nimic; căci ei au ținut cuvintele Tale și legământul Tău l-au păzit;

Învață pe Iacov legile Tale și pe Israel poruncile Tale; pune tămâie înaintea feței Tale și arderi de tot pe jertfelnicul Tău.

Binecuvântează, Doamne, puterea lui și lucrul mâinilor lui fie-ți plăcut; lovește coapsele celar ce se ridică împotriva lui și celor ce-l urăsc, ca să nu se poată împotrivi".

Pentru Veniamin a zis: "Iubitul Domnului va sta

lângă El fără primejdie şi Dumnezeu îl va ocroti în toată vremea şi el va odihni pe umerii Lui".

Pentru Iosif a zis: "Să binecuvânteze Domnul pământul lui cu darurile cele alese ale cerului, cu roua şi cu darurile adâncului celui dedesubt;

Cu roade alese din cele pe care le face să crească soarele şi cu cele mai bune roade care odrăslesc în fiecare lună;

Cu cele mai alese din câte dau munţii cei vechi şi cu darurile alese ale dealurilor celor veşnice;

Şi cu darurile cele alese ale pământului şi ale celor ce-l umplu. Binecuvântarea Celui ce S-a arătat în rug să vină pe capul lui Iosif, pe creştetul celui dintâi dintre fraţii lui!

Frumuseţea lui să fie ca a taurului întâi născut şi coarnele lui să fie ca şi coarnele bivolului; cu acelea va împunge popoarele toate până la marginile pământului; acestea sunt mulţimile mari ale lui Efraim, acestea sunt miile lui Manase".

Pentru Zabulon a zis: "Veseleşte-te, Zabulon, în căile tale şi tu, Isahare, în corturile tale!

Chema-vor aceştia poporul pe munte şi acolo vor junghia jertfele cele legiuite, căci se hrănesc cu bogăţia mării şi cu comorile cele ascunse în nisip".

Pentru Gad a zis: "Binecuvântat. să fie cel ce a sporit pe Gad, care odihneşte ca un pui de leu şi sfărâmă şi braţ şi cap.

Alesu-şi-a el pârga cea bună a ţării; acolo fost-a păstrată o moşie de căpetenie; venit-a în fruntea poporului şi a împlinit dreptatea Domnului şi judecăţile lui Israel".

Pentru Dan a zis: "Dan este pui de leu, care se aruncă din Vasan".

Pentru Neftali a zis: "Neftali, tu cel sătul de bunăvoinţă şi plin de binecuvântarea Domnului, ia marea şi partea cea de miazăzi în stăpânire".

Pentru Aşer a zis: "Binecuvântat să fie Aşer între fii,

iubit să fie de fraţii lui şi să-şi afunde în untdelemn piciorul lui.

De fier şi de aramă să fie zăvoarele şi liniştea ta să ţină cît zilele vieţii tale.

Nimeni, o Israele, nu este ca Dumnezeu, Care să meargă pe ceruri întru ajutorul tău şi pe nori întru slava Sa. Dumnezeu este liman din vremi străvechi; căci cu braţul Lui cel veşnic El te sprijină şi din faţa ta gonind vrăjmaşii, zice: "Stârpeşte-i!"

Israel locuieşte neprimejduit. Ochiul lui Iacov priveşte îmbelşugat de pâine şi de vin, şi cerurile lui picură rouă.

Ferice de tine, Israele! Cine este asemenea ţie, popor izbăvit de Domnul, scutul şi ajutorul tău, sabia şi slava ta. Vrăjmaşii tăi se vor da înapoi înaintea ta şi tu vei călca peste grumajii lor![64]

Ziceţi cu toţii:

Amin!

Să vă binecuvânteze Dumnezeu pe voi, precum Iosua oarecând a zis seminţiilor lui Israel, când le-a împărţit fiecăruia partea de lui de moştenire în pământul Canaanului, precum a rânduit Moise: *După aceea Iosua i-a binecuvântat şi le-a dat drumul şi ei s-au împărţit pe la corturile lor.*[65]

Să vă binecuvânteze Dumnezeu pe voi, precum Debora şi Barac, fiul lui Abinoam, au zis Iaelei, femeia lui Heber Cheneul: *Binecuvântată să fie între femei Iaela, femeia lui Heber Cheneul! Binecuvântată fie între femeile ţării. Iar cei ce Te iubesc, Doamne, să fie ca soarele când răsare în toată strălucirea lui.*[66]

Să vă binecuvânteze Dumnezeu pe voi, cum a făcut

---

[64] Deut. 33.1-29.
[65] Cartea lui Iosua Navi 22.6.
[66] Jud. 5.24,31.

cu Samson: *Când a început a se înălţa flacăra de la jertfelnic spre cer, îngerul Domnului s-a ridicat cu flacăra de pe jertfelnic. Văzând aceasta, Manoe şi femeia lui au căzut cu faţa la pământ... Şi a născut femeia un fiu şi i-au pus numele Samson. Şi a crescut copilul şi l-a binecuvântat Domnul.*[67]

Să vă binecuvânteze Dumnezeu pe voi, precum Booz pe Root: *"Binecuvântată eşti tu de Domnul Dumnezeu, fiica mea! Această de pe urmă faptă bună a ta este încă şi mai frumoasă decât celelalte, căci nu te-ai dus să cauţi oameni tineri, săraci sau bogaţi.*[68]

Să vă binecuvânteze Dumnezeu pe voi, precum Eli pe Elcana şi pe femeia lui, pentru Samuel: *Şi a binecuvântat Eli pe Elcana şi pe femeia lui şi a zis: "Să-ţi dea ţie Domnul copii de la femeia aceasta în locul celui afierosit, pe care tu l-ai dăruit Domnului!*[69]

Să vă binecuvânteze Dumnezeu pe voi şi bucatele voastre, cum se ruga Samuel: *...căci poporul nu începe să mănânce până nu vine el; pentru că el le binecuvântează jertfa şi după aceea începe să mănânce.*[70]

Să vă binecuvânteze Dumnezeu pe voi cu pace şi linişte şi nevărsare de sânge, precum David zis lui Abigail: *Binecuvântată fie mintea ta şi binecuvântată să fii şi tu, că nu m-ai lăsat acum să merg la vărsare de sânge şi să mă răzbun...*[71]

Să vă binecuvânteze Dumnezeu pe voi, cum a făcut cu Obed-Edom şi toată casa lui: *Şi a rămas chivotul Domnului în casa lui Obed-Edom Gateanul trei luni şi a binecuvântat Domnul pe Obed-Edom şi toată casa lui... Domnul a binecuvântat casa lui Obed-Edom şi toate câte erau ale lui pentru chivotul Domnului.*[72]

---

[67] Jud. 13.20,24.

[68] Rut 3.10.

[69] 1Regi 2.20.

[70] 1Regi 9.13.

[71] 1Regi 25.33.

Să vă binecuvânteze Domnul Savaot pe voi, cum a fost poporul de către David: *Iar dacă a isprăvit David de adus arderile de tot şi jertfele de împăcare, a binecuvântat poporul în numele Domnului Savaot.*[73]

Să vă binecuvânteze Dumnezeu pe voi cu bucurie, cum i-a dat lui David, când a răspuns lui Micol: *Înaintea Domnului voi juca, a zis David către Micol; binecuvântat este Domnul, Cel ce m-a ales pe mine în locul tatălui tău şi a casei lui întregi, întărindu-mă cârmuitor al poporului Domnului, Israel; cânta-voi şi voi juca înaintea Domnului.*[74]

Să vă binecuvânteze Dumnezeu pe voi şi casele voastre, cum s-a rugat David: *Începe acum şi binecuvântează casa robului Tău, ca să fie ea veşnic înaintea feţei Tale, căci Tu, Doamne Dumnezeule, ai vestit aceasta, şi, prin binecuvântarea Ta, se va face casa robului Tău binecuvântată, ca să fie înaintea Ta în veci.*[75]

Să vă binecuvânteze Dumnezeu pe voi cu cântare de izbăvire, precum pe David:

Atunci a cântat David cântarea aceasta Domnului, în ziua când Domnul l-a izbăvit de toţi vrăjmaşii lui şi din mâinile lui Saul, şi a zis:

Domnul este întărirea mea, scăparea mea şi izbăvitorul meu.

Dumnezeu este stânca mea cea de scăpare, Scutul meu şi puterea cea mântuitoare, Adăpostul meu cel tare şi scăparea mea! Mântuitorul meu, din necaz m-ai izbăvit!

Pe Domnul Cel vrednic de laudă L-am chemat Şi de vrăjmaşii mei am fost izbăvit.

Valurile morţii mă-mpresuraseră Şi eram potopit de

---

[72] 2Regi 6.11,12.
[73] 2Regi 6.18.
[74] 2Regi 6.21.
[75] 2Regi 7.29.

şuvoaiele răutăţii;

Lanţurile iadului mă încătuşaseră şi eram prins în lanţurile morţii.

Dar în necazul meu am chemat pe Domnul, Strigăt am înălţat către Dumnezeul meu Şi El mi-a auzit glasul din locaşul Său Şi strigătul meu a ajuns la urechile Lui.

Atunci s-a clătinat şi s-a cutremurat pământul, Şi temeliile cerurilor s-au zguduit, Pentru că Se mâniase Domnul!

Fum ieşea din nările Lui, Din gura Lui ieşea foc mistuitor Şi cărbuni aprinşi ţâşneau.

Plecat-a cerurile şi S-a coborât Şi sub picioarele Lui era negură deasă.

Şezut-a pe heruvimi şi a zburat, zburat-a pe aripile vântului!

Din negură Şi-a făcut adăpost Şi cort împrejurul Său; Cu ape întunecoase şi cu nori negri era înfăşurat.

De strălucirea ce-I mergea înainte Se împrăştiau norii, Aruncând grindină şi cărbuni de foc.

Atunci Domnul a tunat în ceruri Şi Cel Preaînalt a făcut să răsuna glasul Său;

Slobozit-a săgeţile Sale şi a împrăştiat pe vrăjmaşi, Înmulţitu-Şi-a fulgerele şi i-a pus pe fugă.

De certarea Ta, Doamne, De suflarea nărilor Tale, S-au arătat fundurile mării Şi temeliile lumii s-au descoperit.

Tinzându-Şi El mâna de sus, m-a apucat Şi m-a scos din ape adânci;

Izbăvitu-m-a de vrăjmaşul meu cel puternic, De cei ce mă urau şi erau mai tari ca mine:

Aceştia mă împresuraseră în ziua necazului, Dar Domnul a fost ajutorul meu;

El m-a scos le loc larg, izbăvitu-m-a, pentru că m-a iubit!

Domnul mi-a dat după nevinovăţia mea, După curăţia mâinilor mele mi-s plătit.

Căci am urmat căile Domnului, Şi înaintea

Dumnezeului meu m-am pocăit.

Toate poruncile Lui le-am avut înaintea mea Şi de la legea Lui nu m-am abătut.

Fără prihană am fost înaintea Lui Şi de nedreptate m-am păzit.

Deci Domnul mi-a plătit după nevinovăţia mea Şi după curăţia mâinilor mele pe care a cunoscut-o.

Căci Tu, Doamne, cu cel bun Te arăţi bun, Cu omul drept Te porţi cu dreptate,

Cu cel cuvios, Cuvios eşti, Iar cu cel îndărătnic, Te porţi după îndărătnicia lui.

Tu pe poporul smerit îl izbăveşti, Iar ochii cei mândri îi smereşti.

Tu eşti lumina mea, Doamne! Doamne, luminează întunericul meu!

Cu Tine mă voi arunca spre oştirea înarmată, Cu Dumnezeul meu voi doborî zidul.

Căile Domnului sunt desăvârşite, Cuvântul Domnului e lămurit prin foc. Şi scut este El tuturor celor ce nădăjduiesc în El;

Căci cine este Dumnezeu, dacă nu Domnul? Şi cine este apărător, dacă nu Dumnezeul nostru?

Dumnezeu este Cel ce mă încinge cu putere şi calea cea dreaptă-mi arată;

Care dă picioarelor mele sprinteneala cerbului, Şi la locurile cele înalte mă aşează;

Care-mi deprinde mâinile mele la război Şi braţele mele să întindă arzul de aramă.

Doamne, Tu mă aperi cu scutul Tău izbăvitor, Cu dreapta Ta mă sprijini şi înalţi cu bunătatea Ta,

Tu lărgeşti calea sub paşii mei Şi picioarele mele nu se poticnesc.

Urmări-voi pe vrăjmaşii mei şi-i voi prinde. Nu mă voi întoarce până nu-i stârpesc.

Îi voi lovi şi nu se vor putea ţine. Cădea-vor sub picioarele mele.

Tu mă încingi cu putere pentru război Şi faci să cadă potrivnicii sub mine

Pe vrăjmaşii mei Tu-i pui pe fugă înaintea mea şi pe cei ce mă urăsc îi spulberi.

Striga-vor, dar nimeni nu-i va scăpa, Pe Domnul vor striga, dar nu-i va auzi;

Ca praful ce-l ia vântul îi voi pisa şi-i voi călca în picioare ca tina uliţelor.

Tu mă izbăveşti de răzvrătirea poporului Şi în fruntea neamurilor mă pui.

Poporul pe care nu-l cunoşteam îmi slujeşte Şi dintr-un cuvânt mi se supune.

Fiii celor de alt neam pălesc de frică şi tremură în zidurile cetăţii lor.

Viu este Domnul şi binecuvântat este numele Lui! Lăudat fie Dumnezeu, Cel ce mă izbăveşte,

Dumnezeu, Cel ce mă răzbună, Care pune popoarele sub stăpânirea mea Şi de vrăjmaşii mei mă izbăveşte.

Doamne, Tu mă înalţi peste vrăjmaşii mei Şi de omul nedrept mă izbăveşti.

De aceea Te voi lăuda printre popoare şi voi da slavă numelui Tău,

Cel ce dă biruinţă strălucită regelui Său Şi face milă cu unsul Său, David, Şi cu urmaşii lui din veac în veac.[76]

Domnului să ne rugăm,

Să vă binecuvânteze Dumnezeu pe voi, precum Aravna a zis lui David: *Toate acestea le dăruiesc regelui. Domnul Dumnezeul tău să te binecuvânteze!* a adăugat Aravna.[77]

Să vă binecuvânteze Dumnezeu pe voi să vedeţi pe urmaşii voştri şi pe urmaşii urmaşilor voştri, precum şi

---

[76] 2Regi 22.1-51.
[77] 2Regi 24.23.

regele David a avut parte: *Şi a zis regele aşa: Binecuvântat să fie Domnul Dumnezeul lui Israel, Care a făcut să fie astăzi din sămânţa mea un urmaş pe tronul meu şi să văd cu ochii mei aceasta! Şi a zis regele aşa: Binecuvântat să fie Domnul Dumnezeul lui Israel, Care a făcut să fie astăzi din sămânţa mea un urmaş pe tronul meu şi să văd cu ochii mei aceasta!*[78]

Să vă binecuvânteze Dumnezeu pe voi cu feciori înţelepţi şi binevăzuţi de vecini, precum Hiram, regele Tirului, a binecuvântat pe Solomon: *Când a auzit Hiram cuvintele lui Solomon, s-a bucurat foarte şi a zis: "Binecuvântat fie astăzi Domnul, Care a dat lui David fecior înţelept pentru povăţuirea acestui popor nesfârşit de mare!*[79]

Să vă binecuvânteze Dumnezeu pe voi, cum a spus Solomon poporului după ce a construit Templul: *Apoi s-a întors regele cu faţa spre mulţime şi a binecuvântat toată adunarea Israeliţilor, căci toată adunarea Israeliţilor sta de faţă...*[80] *Binecuvântat fie Domnul Dumnezeul lui Israel, Care a grăit cu gura Sa către David, tatăl meu, ceea ce astăzi a împlinit cu mâna Sa!*[81] *Şi stând în picioare, a binecuvântat toată adunarea Israeliţilor, zicând: Binecuvântat fie Domnul Dumnezeu, Care a dat odihnă poporului Său Israel, precum a grăit! Nu a rămas neîmplinit nici un cuvânt din toate bunele Lui cuvinte care le-a grăit prin robul Său Moise.*[82]

Să vă binecuvânteze Dumnezeu pe voi şi să vă asculte rugăciunile, după cum regele Solomon s-a rugat: *Să asculţi rugăciunea robului Tău şi a poporului Tău, Israel, când ei se vor ruga în locul acesta; să asculţi din locul şederii Tale cel din ceruri, să asculţi şi să miluieşti. Chiar străinul, care nu este din poporul Tău Israel, de va veni pentru numele Tău din pământ depărtat, căci se va auzi de*

---

[78] 3Regi 1.47,48.
[79] 3Regi 5.7.
[80] 3Regi 8.14.
[81] 3Regi 8.15.
[82] 3Regi 8.55,56.

numele Tău cel mare şi de mâna Ta cea puternică şi de braţul Tău cel întins, şi el va veni şi se va ruga la templul acesta, să-l ascuţi din cer, din locul şederii Tale, şi să faci tot ceea ce străinul Îţi va cere ţie, pentru ca să ştie toate popoarele pământului de numele Tău, să se teamă de Tine, cum se teme poporul Tău Israel, şi să ştie că numele Tău este chemat peste templul acesta pe care eu l-am zidit![83]

Să vă binecuvânteze Dumnezeu pe voi, ca şi pe credincioşii din timpul lui Solomon: *Şi au binecuvântat toţi pe rege şi s-au întors la corturile lor, bucurându-se şi veselindu-se cu inima pentru tot binele ce l-a făcut Domnul robului Său David şi poporului Său Israel.*[84]

Să vă binecuvânteze Dumnezeu pe voi, cum a făcut cu Iabeţ: *Şi a strigat Iabeţ către Dumnezeul lui Israel şi a zis: "O, de m-ai binecuvânta Tu cu binecuvântare, de ai lărgi hotarele mele şi de ar fi mâna Ta cu mine, păzindu-mă de rele, ca să nu fiu omorât!..." Atunci Dumnezeu i-a trimis ceea ce a dorit el.*[85]

Să vă binecuvânteze Dumnezeu pe voi, precum David pe poporul lui Israel: *După ce David a isprăvit de adus arderile de tot şi jertfele de pace, a binecuvântat poporul în numele Domnului, Şi a împărţit tuturor Israeliţilor, femei şi bărbaţi, câte o pâine şi câte o bucăţică de carne şi câte o turtă de struguri. Binecuvântat fie Domnul Dumnezeul lui Israel din veac în veac!*[86]

Ziceţi cu toţii: "Amin! Aliluia!"

Să vă binecuvânteze Dumnezeu pe voi şi casele voastre, precum David s-a rugat pentru casa sa: *Apoi s-a dus tot poporul, fiecare la casa sa. De asemenea s-a întors şi*

---

[83] 3Regi 8.41-43.
[84] 3Regi 8.66.
[85] 1Cron. 4.10.
[86] 1Cron. 16.2,3,36.

David, ca să binecuvânteze casa sa... Începe dar a binecuvânta casa robului Tău, ca să fie ea veşnică înaintea feţei Tale. Căci dacă Tu, Doamne, o vei binecuvânta, binecuvântată va fi ea în veci.[87]

Binecuvântează, Doamne, şi pe preoţii Tăi, ca să slăvească numele Tău: *Fiii lui Amram au fost: Aaron şi Moise. Aaron a fost ales ca să fie sfinţit pentru Sfânta Sfintelor, el şi fiii lui pe veci, pentru a săvârşi tămâierea înaintea feţei Domnului, ca să-I slujească Lui şi să binecuvânteze numele Lui în veci.*[88]

Să vă binecuvânteze Dumnezeu pe voi, cum a zis lui Peultai: *Al şaselea Amiel, al şaptelea Isahar, al optulea Peultai, pentru că Dumnezeu l-a binecuvântat.*[89]

Să vă dea Dumnezeu vouă cuvinte de laudă, cum a dat lui David: *Atunci a slăvit David pe Domnul înaintea a toată adunarea şi a zis: "Binecuvântat eşti Tu, Doamne Dumnezeul lui Israel, Tatăl nostru, din veac şi până în veac.*[90]

Binecuvântaţi pe Domnul Dumnezeul nostru![91]
Închinaţi-vă toţi!

Să binecuvântăm pe Domnul Dumnezeu, cum a zis Hiram. Să vă binecuvânteze pe voi, cei care ajutaţi Biserica, şi pe cei care vă zidiţi casă sau vreţi să cumpăraţi o casă: *Binecuvântat fie Domnul Dumnezeul lui Israel, Cel ce a făcut cerul şi pământul şi a dat regelui David fiu înţelept, cu minte şi pricepere, care are de gând să înalţe templu Domnului şi casă regală pentru sine.*[92]

Să vă binecuvânteze Dumnezeu pe voi, precum Solomon pe poporul lui Israel: *Apoi şi-a întors regele faţa sa şi a binecuvântat toată adunarea lui Israel, căci toată*

---

[87] 1Cron. 16.43, 17.27.
[88] 1Cron. 23.13.
[89] 1Cron. 26.5.
[90] 1Cron. 29.10.
[91] 1Cron. 29.20.
[92] 2Cron. 2.12.

adunarea Israeliților sta înainte.[93]

Binecuvântați pe Domnul!

Binecuvântat este Domnul Dumnezeul lui Israel, Care a grăit cu gura Sa către David și a împlinit cu mâinile Sale ceea ce spusese.[94]

Să vă binecuvânteze Dumnezeu pe voi, iar rugăciunea voastră să ajungă la El: *Apoi s-au sculat preoții și leviții și au binecuvântat poporul; și glasul lor a fost auzit, căci rugăciunea lor s-a suit până la locașul cel sfânt al Domnului, Care este în ceruri.*[95]

Să vă binecuvânteze Dumnezeu pe voi cu belșug; să dați și celor săraci și Bisericii, precum a dat Domnul în vremea lui Azaria arhiereul: *Și a răspuns Azaria arhiereul, care era din casa lui Țadoc, și a zis: "De când a început a se aduce prinoase în templul Domnului, de atunci am mâncat și noi de ne-am săturat și a mai și rămas din belșug, pentru că Domnul a binecuvântat pe poporul Său. Și această grămadă mare este din cele ce au rămas".*[96]

Să vă binecuvânteze pe voi, care împodobiți Biserica, Domnul Dumnezeul lui Israel, precum a zis Ezdra lui Artaxerxe regele, și să aveți trecere la autorități: *Binecuvântat este Domnul Dumnezeul părinților noștri Care a pus în inima regelui gândul să împodobească templul Domnului cel din Ierusalim și a atras asupra mea mila regelui și a sfetnicilor lui și a tuturor dregătorilor celor puternici ai regelui!*[97]

Să vă binecuvânteze pe voi Domnul Dumnezeu, cum a zis Ezdra: *...Ezdra a binecuvântat pe Domnul, marele*

---

[93] 2Cron. 6.3.
[94] 2Cron. 6.4.
[95] 2Cron. 30.27.
[96] 2Cron. 31.10.
[97] 1Ezdra 7.27.

Dumnezeu şi tot poporul, ridicându-şi mâinile, a răspuns: Amin, Amin! Şi plecându-se, s-a închinat înaintea Domnului până la pământ.[98]

Să zicem precum odinioară au zis leviţii Iosua, Cadmiel, Bani, Haşabneia, Şerebia, Hodia, Şebania şi Petahia: *Sculaţi-vă şi binecuvântaţi pe Domnul Dumnezeul vostru din veac în veac!*

Să zicem precum odinioară a zis Ezra: *Dumnezeule, slăvească-se numele Tău cel slăvit şi mai presus de orice laudă şi slăvire!*[99]

Să vă binecuvânteze poporul pe voi, care locuiţi în acest oraş, precum au fost copiii lui Israel, care s-au aşezat în Ierusalim pe vremea lui Ezra: *Şi a binecuvântat poporul pe toţi cei ce s-au învoit de bună voie să se aşeze în Ierusalim.*[100]

Să vă binecuvânteze pe voi Domnul Dumnezeu, să vă păzească şi să vă împrejmuiască cu îngerii Lui, precum pe Iov odinioară: *...ai făcut Tu gard în jurul lui şi în jurul casei lui şi în jurul a tot ce este al lui, în toate părţile şi ai binecuvântat lucrul mâinilor lui şi turmele lui au umplut pământul...*[101]

Să vă dea Domnul Dumnezeu vouă cuvânt drept în necazuri, precum a avut Iov: *Gol am ieşit din pântecele mamei mele şi gol mă voi întoarce în pământ! Domnul a dat, Domnul a luat; fie numele Domnului binecuvântat!*[102]

Să vă binecuvânteze pe voi Domnul Dumnezeu până la sfârşitul vieţii voastre, precum Iov a fost: *Şi Dumnezeu a binecuvântat sfârşitul vieţii lui Iov mai bogat decât începutul ei, şi el a strâns paisprezece mii de oi, şase mii de cămile, o mie de perechi de boi şi o mie de asine.*[103]

Binecuvântarea peste voi toţi de la Domnul

---

[98] 2Ezdra 8.6.

[99] 2Ezdra 9.5.

[100] 2Ezdra 11.2.

[101] Iov 1.10.

[102] Iov 1.10.

[103] Iov 42.12.

Dumnezeu: *A Domnului este mântuirea şi peste poporul Tău, binecuvântarea Ta.*[104]

Să vă binecuvânteze pe voi Domnul Dumnezeu, cei care lucraţi dreptatea şi bună intenţie aveţi: *Că Tu vei binecuvânta pe cel drept, Doamne, căci cu arma bunei voiri ne-ai încununat pe noi.*[105]

Să vă dea vouă Domnul Dumnezeu rugăciune neîntreruptă în inimă curată: *Binecuvânta-voi pe Domnul, Cel ce m-a înţelepţit; la aceasta şi noaptea mă îndeamnă inima mea.*[106]

Binecuvântaţi pe Domnul Dumnezeu, împreună cu psalmistul: *Viu este Domnul şi binecuvântat este Dumnezeul meu, şi să se înalţe Dumnezeul mântuirii mele.*[107]

Să vă binecuvânteze pe voi Domnul Dumnezeu cu toate bunătăţile lumii, acesteia precum pe regii lumii: *...l-ai întâmpinat pe el cu binecuvântările bunătăţii, pus-ai pe capul lui cunună de piatră scumpă.*[108]

Să vă dea vouă Domnul Dumnezeu veselie, bucurie, acum şi în veacul ce va să vină: *...îi vei da lui binecuvântare în veacul veacului, îl vei veseli pe dânsul întru bucurie cu faţa Ta.*[109]

Să vă binecuvânteze pe voi Domnul Dumnezeu, cei nevinovaţi cu mâinile şi curaţi cu inima, care n-aţi luat în deşert sufletul vostru şi nu v-aţi jurat cu vicleşug aproapelui, căci: Aceştia vor lua *binecuvântare de la Domnul şi milostenie de la Dumnezeu, Mântuitorul.*[110]

Să vă sălăşluiţi întru dreptate, ca să binecuvântaţi pe Domnul: *Căci piciorul meu a stat întru dreptate; întru adunări Te voi binecuvânta, Doamne.*[111]

---

[104] Ps. 3.8.
[105] Ps. 5.12.
[106] Ps. 15.7.
[107] Ps. 17.50.
[108] Ps. 20.3.
[109] Ps. 20.6.
[110] Ps. 23.5.

Să audă Domnul rugăciunea voastră: *Binecuvântat este Domnul că a auzit glasul rugăciunii mele.*[112]

Să se îngrijească Domnul Dumnezeu de voi: *Mântuieşte poporul Tău şi binecuvântează moştenirea Ta; paşte-i pe ei şi-i ridică până în veac.*[113]

Întărire şi putere să vă dea vouă Domnul: *Domnul tărie poporului Său va da, Domnul va binecuvânta pe poporul Său cu pace.*[114]

Să vă înconjoare Domnul cu mila Sa şi sufletul vostru ca o cetate întărită să îl arate: *Binecuvântat este Domnul, că minunată a fost mila Sa, în cetate întărită.*[115]

Să vă dea Domnul vouă moştenire Pământul, ziceţi Lui: *Că cei ce-L binecuvântează pe El vor moşteni pământul, iar cei ce-L blesteamă pe El, de tot vor pieri.*[116]

Să vă învrednicească pe voi Domnul cu milostivire, căci: *Toată ziua dreptul miluieşte şi împrumută şi seminţia lui binecuvântată va fi.*[117]

Binecuvântat este Domnul Dumnezeul lui Israel din veac şi până în veac. Amin. Amin.[118]

Rugaţi-vă Mântuitorului Iisus Hristos voi toţi, căci: *Împodobit eşti cu frumuseţea mai mult decât fiii oamenilor; revărsatu-s-a har pe buzele tale. Pentru aceasta te-a binecuvântat pe tine Dumnezeu, în veac.*[119]

Slăvim pe Tatăl şi pe Fiul şi pe Sf. Duh Dumnezeu: *Aşa Te voi binecuvânta în viaţa mea şi în numele Tău voi ridica mâinile mele.*[120]

---

[111] Ps. 25.12.
[112] Ps. 27.8.
[113] Ps. 27.12.
[114] Ps. 28.11.
[115] Ps. 30.22.
[116] Ps. 36.22.
[117] Ps. 36.26.
[118] Ps. 40.13.
[119] Ps. 44.3.
[120] Ps. 62.5.

Binecuvântează, Doamne, câmpiile, ogoarele, cununa anului, căci: *Vei binecuvânta cununa anului bunătății Tale și câmpiile Tale se vor umple de roade grase.*[121]

Lăudați, popoare, pe Domnul Iisus: *Binecuvântați neamuri pe Dumnezeul nostru și faceți să se audă glasul laudei Lui,*[122]

Binecuvântat este Dumnezeu, Care n-a depărtat rugăciunea mea și mila Lui de la mine.[123]

Domnul să se milostivească către voi: *Dumnezeule, milostivește-Te spre noi și ne binecuvântează, luminează fața Ta spre noi și ne miluiește!*[124]

Dumnezeule, Te rugăm: *Binecuvântează-ne pe noi, Dumnezeule, Dumnezeul nostru. Binecuvântează-ne pe noi, Dumnezeule, și să se teamă de Tine toate marginile pământului.*[125]

Să sporească între voi Hristos Iisus, Dumnezeul mântuirii noastre: *Domnul Dumnezeu este binecuvântat, binecuvântat este Dumnezeu zi de zi; să sporească între noi, Dumnezeul mântuirii noastre.*[126]

Lăudați pe Domnul în Biserici și adunări: *În adunări binecuvântați pe Dumnezeu, pe Domnul din izvoarele lui Israel!*[127]

Dumnezeu să vă dea putere, întărire, să vă sfințească și minunați să vă arate: *Minunat este Dumnezeu întru sfinții Lui, Dumnezeul lui Israel; Însuși va da putere și întărire poporului Său. Binecuvântat este Dumnezeu.*[128]

Să vă binecuvânteze pe voi Domnul Dumnezeu, Iisus Hristos, căci scris este: *Și va fi viu și se va da lui din aurul*

---

[121] Ps. 64.12.
[122] Ps. 65.7.
[123] Ps. 65.19.
[124] Ps. 66.1.
[125] Ps. 66.6.
[126] Ps. 67.20.
[127] Ps. 67.27.
[128] Ps. 67.36.

Arabiei şi se vor ruga pentru el pururea; toată ziua îl vor binecuvânta pe el.[129]

Să vă binecuvânteze pe voi Domnul Dumnezeul nostru Iisus, căci: *Se vor binecuvânta întru el toate seminţiile pământului, toate neamurile îl vor ferici pe el.*[130]

Să vă apere pe voi Domnul Dumnezeu, Iisus, Care a făcut şi Care face minuni: *Binecuvântat este Domnul Dumnezeu, Dumnezeul lui Israel, singurul Care face minuni.*[131]

Să se milostivească de voi Domnul Dumnezeu, să vedeţi slava Lui, ca a Unuia născut din Tatăl: *Binecuvântat este numele slavei Lui în veac şi în veacul veacului.*[132]

Binecuvântat este Domnul în veci. Amin. Amin.[133]

Să vă dea Domnul cântare de bucurie şi binevestire, ca să *Cântaţi Domnului, binecuvântaţi numele Lui, binevestiţi din zi în zi mântuirea Lui.*[134]

Să vă dea Dumnezeu sănătate sufletească şi trupească, ca să ziceţi: *Binecuvântează, suflete al meu, pe Domnul şi toate cele dinlăuntrul meu, numele cel sfânt al Lui.*[135]

Să vă răsplătească Domnul înzecit, ca să ziceţi: *Binecuvântează, suflete al meu, pe Domnul şi nu uita toate răsplătirile Lui.*[136]

Să vă dea Domnul Dumnezeu îngeri păzitori sufletului şi trupului, ca să ziceţi: *Binecuvântaţi pe Domnul toţi îngerii Lui, cei tari la vârtute, care faceţi cuvântul Lui şi auziţi glasul cuvintelor Lui.*[137]

Să fie cu voi Îngerii, Arhanghelii, Începătoriile,

---

[129] Ps. 71.15.
[130] Ps. 71.18.
[131] Ps. 71.19.
[132] Ps. 71.20.
[133] Ps. 88.51.
[134] Ps. 95.2.
[135] Ps. 102.1.
[136] Ps. 102.2.
[137] Ps. 102.20.

Stăpâniile, Puterile, Domniile, Tronurile, Heruvimii şi Serafimii, ca să ziceţi: *Binecuvântaţi pe Domnul toate puterile Lui, slugile Lui, care faceţi voia Lui.*[138]

Să vă dea Domnul suflet curat, ca să ziceţi: *Binecuvântaţi pe Domnul toate lucrurile Lui; în tot locul stăpânirii Lui, binecuvântează suflete al meu pe Domnul.*[139]

Să vă dea Domnul să vedeţi slava Lui, ca să ziceţi: *Binecuvântează, suflete al meu, pe Domnul! Doamne, Dumnezeul meu, măritu-Te-ai foarte.*[140]

Să vă ferească pe voi Domnul de păcătoşi şi de cei fără de lege, ca să ziceţi: *Piară păcătoşii de pe pământ şi cei fără de lege, ca să nu mai fie. Binecuvântează, suflete al meu, pe Domnul.*[141]

Ziceţi cu toţii:

Binecuvântat este Domnul Dumnezeul lui Israel, din veac şi până în veac. Tot poporul să zică: Amin. Amin.[142]

Să vă dea Domnul vouă, cum zice Scriptura: *Şi i-a binecuvântat pe ei şi s-au înmulţit foarte şi vitele lor nu le-a împuţinat.*[143]

Să vă dea Domnul vouă veselie, bucurie, de vrăjmaşi să vă ferească, cum zice Scriptura: *Tu vei binecuvânta. Cei ce se scoală împotriva mea să se ruşineze, iar robul Tău să se veselească.*[144]

Dreptatea şi sfinţenia să fie cu voi cu toţi, căci: *Puternică va fi pe pământ seminţia Lui; neamul drepţilor se va binecuvânta.*[145]

---

[138] Ps. 102.21.
[139] Ps. 102.22.
[140] Ps. 103.1.
[141] Ps. 103.36.
[142] Ps. 105.48.
[143] Ps. 106.38.
[144] Ps. 108.27.
[145] Ps. 111.2.

Fie numele Domnului binecuvântat de acum şi până în veac.[146]

Să-şi aducă aminte de voi Domnul Dumnezeu, cum Şi-a adus aminte de Israel, de Aaron: *Domnul şi-a adus aminte de noi şi ne-a binecuvântat pe noi; a binecuvântat casa lui Israel, a binecuvântat casa lui Aaron.*[147]

Temeţi-vă de Domnul toţi, căci *a binecuvântat pe cei ce se tem de Domnul, pe cei mici împreună cu cei mari.*[148]

Binecuvântaţi să fiţi de Domnul, Cel ce a făcut cerul şi pământul.[149]

Viaţă să vă dea vouă Domnul Dumnezeu, căci nu morţii, *ci noi, cei vii, vom binecuvânta pe Domnul de acum şi până în veac.*[150]

Binecuvântat este cel ce vine întru numele Domnului; binecuvântatu-v-am pe voi, din casa Domnului.[151]

Binecuvântat eşti, Doamne, învaţă-ne pe noi îndreptările Tale.

Binecuvântat este Domnul, Care nu ne-a dat pe noi spre vânare dinţilor lor. Sufletul nostru a scăpat ca o pasăre din cursa vânătorilor; cursa s-a sfărâmat şi noi ne-am izbăvit. Ajutorul nostru este în numele Domnului, Cel ce a făcut cerul şi pământul.[152]

Temeţi-vă de Domnul şi-L iubiţi pe El, umblaţi în cărările mântuirii, căci *fericiţi toţi cei ce se tem de Domnul, care umblă în căile Lui. Rodul muncii mâinilor tale vei mânca. Fericit eşti; bine-ţi va fi! Femeia ta ca o vie roditoare, în laturile casei tale; fiii tăi ca nişte vlăstare*

---

[146] Ps. 112.2.
[147] Ps. 113.20.
[148] Ps. 113.21.
[149] Ps. 113.23.
[150] Ps. 113.26.
[151] Ps. 117.26.
[152] Ps. 123.6-8.

tinere de măslin, împrejurul mesei tale. Iată, aşa se va binecuvânta omul, cel ce se teme de Domnul.[153]

Să vă binecuvânteze Domnul din Sion şi veţi vedea bunătăţile Ierusalimului în toate zilele vieţii voastre.

Să vedeţi pe fiii fiilor voştri!

Pace peste voi, fii duhovniceşti ai lui Israel!

Binecuvântarea Domnului fie peste voi toţi![154]

Vă binecuvântăm în numele Domnului![155]

Miluiţi să fiţi voi, cu binecuvântare dumnezeiască, cu odihnă divină, precum s-a scris: *Aceasta este odihna Mea în veacul veacului. Aici voi locui, că l-am ales pe el... Roadele lui le voi binecuvânta foarte; pe săracii lui îi voi sătura cu pâine.*[156]

Miluiţi să fiţi voi, cu fraternitate, cu iubire, căci *ce este bun şi ce este frumos, decât numai a locui fraţii împreună;*[157] (că *unde este unire acolo a poruncit Domnul binecuvântarea şi viaţa până în veac.*[158])

Acum binecuvântaţi pe Domnul voi toţi, robii Domnului, care staţi în casa Domnului, în curţile casei Dumnezeului nostru.[159]

Vă binecuvântează Domnul din Sion, Cel ce a făcut cerul şi pământul.[160]

Ridicaţi mâinile voastre spre cele sfinte şi binecuvântaţi pe Domnul.[161]

Cei ce vă temeţi de Domnul, binecuvântaţi pe

---

[153] Ps. 127.1-4.
[154] Ps. 128.8.
[155] Ps. 128.8.
[156] Ps. 131.14-15.
[157] Ps. 132.1.
[158] Ps. 132.3.
[159] Ps. 133.1.
[160] Ps. 133.3.
[161] Ps. 133.2.

Domnul.[162]

Cu toţii:

Binecuvântat este Domnul din Sion, Cel ce locuieşte în Ierusalim.[163]

Binecuvântat este Domnul Dumnezeul meu, Cel ce învaţă mâinile mele la luptă şi degetele mele la război duhovnicesc![164]

Înălţa-Te-voi, Dumnezeul meu, Împăratul meu şi voi binecuvânta numele Tău în veac şi în veacul veacului.[165]

În toate zilele Te voi binecuvânta şi voi lăuda numele Tău în veac şi în veacul veacului.[166]

Lauda Domnului va grăi gura mea şi să binecuvânteze tot trupul numele cel sfânt al Lui, în veac şi în veacul veacului.[167]

Preotul:

Să Te laude pe Tine, Doamne, toate lucrurile Tale şi cuvioşii Tăi să Te binecuvânteze.[168]

Să binecuvânteze Domnul casele voastre şi pe fiii şi fiicele voastre, cum a făcut cu Ierusalimul: *Că a întărit stâlpii porţilor tale, a binecuvântat pe fiii tăi, în tine.*[169]

Să vă sălăşluiască Domnul întru dreptate, căci *Domnul blesteamă casa celui fără de lege şi binecuvântează adăposturile celor drepţi.*[170] Iar *binecuvântarea Domnului*

---

[162] Ps. 134.20.
[163] Ps. 134.21.
[164] Ps. 143.1.
[165] Ps. 144.1.
[166] Ps. 144.2.
[167] Ps. 144.21.
[168] Ps. 144.10.
[169] Ps. 147.2.
[170] Pilde. 3.33.

vine pe capul celui drept, iar ocara acoperă faţa celor fără de lege.[171] (*şi pomenirea celui drept este spre binecuvântare, iar numele celor nelegiuiţi va fi blestemat.*[172]

Să vă dea Domnul vouă viaţă lungă şi căsnicie fericită: *Binecuvântat să fie izvorul tău şi să te mângâi cu femeia ta din tinereţe.*[173]

Să vă dea Domnul binecuvântare, căci *numai binecuvântarea Domnului îmbogăţeşte, iar truda zadarnică nu aduce spor.*[174]

Binecuvântaţi şi nu blestemaţi, căci *cel ce binecuvântează va fi îndestulat, iar cel ce blesteamă va fi blestemat.*[175]

Să vă fericească Domnul cu blândeţe, căci *omul blând va fi binecuvântat, căci din pâinea lui dă celui sărac.*[176]

Preschimbaţi să fiţi voi în binecuvântaţii pământului, precum fiii lui Israel: *În ziua aceea, Israel va fi al treilea în legământul cu Egiptul şi cu Asiria, ca o binecuvântare în mijlocul pământului.*[177]

A voastră să fie binecuvântarea Domnului Savaot, Care zice: *Binecuvântat să fie poporul Meu, Egiptul şi Asiria, lucrul mâinilor Mele şi Israel, moştenirea Mea!*[178]

Să dea Domnul ploaie la bună vreme pe ogoarele voastre şi Duhul Său peste copiii voştri, că aşa zice Domnul: *Că Eu voi vărsa apă peste pământul însetat şi pâraie de apă în ţinut uscat. Vărsa-voi din Duhul Meu peste odrasla ta şi binecuvântarea Mea peste mlădiţele tale.*[179]

Să vă facă Domnul pe voi fii duhovniceşti ai lui

---

[171] Pilde. 10.6.
[172] Pilde. 10.7.
[173] Pilde. 5.18.
[174] Pilde. 10.22.
[175] Pilde. 11.25.
[176] Pilde. 22.9.
[177] Isaia. 19.24.
[178] Isaia. 19.25.
[179] Isaia. 19.25.

Avraam, înmulţind credinţa voastră, că El spune: *Priviţi pe Avraam, tatăl vostru, şi la Sarra cea care în dureri v-a născut. Că pe el singur l-am chemat, l-am binecuvântat şi l-am înmulţit.*[180]

Să vă dea Domnul Dumnezeu nume bun printre oameni: *Cu nume mare va fi neamul lor între neamuri şi urmaşii lor printre popoare. Toţi cei ce îi vor vedea vor da mărturie că ei sunt un neam binecuvântat de Domnul.*[181]

Să vă apere şi să vă păzească pe voi Domnul, cum a zis Isaia: *Aşa zice Domnul: "Ca atunci când găseşti must într-un strugure şi zici: "Nu-l rupe, că în acesta se află o binecuvântare", tot astfel voi face şi cu slujitorii Mei; Mă voi feri să stric tot!*[182]

Vindecaţi să fiţi voi de tot răul pe pământ: *Cine se va binecuvânta pe pământ se va binecuvânta de Dumnezeul adevărului, şi cel ce se va jura pe pământ se va jura pe Dumnezeul adevărului; că nenorocirile din vremurile de demult au fost uitate şi ei stau departe de ochii Mei.*[183]

Să vă dea Domnul vouă spor în ceea ce faceţi şi feciori sănătoşi şi viguroşi, cu viaţă lungă, cum a zis Isaia: *Nu se vor trudi în zadar şi nu vor naşte feciori pentru moarte fără de vreme, că ei vor fi un neam binecuvântat de Domnul şi împreună cu ei şi odraslele lor.*[184]

Adevărul, judecata şi dreptatea să fie peste voi toţi, căci *dacă tu vei jura: "Viu este Domnul!", în adevăr, în judecată şi în dreptate, neamurile se vor binecuvânta şi se vor lăuda în El*, zice Ieremia.[185]

Nădăjduiţi în Domnul Dumnezeul lui Israel, căci zice Ieremia: *Binecuvântat fie omul care nădăjduieşte în Domnul şi a cărui nădejde este Domnul.*[186]

---

[180] Isaia. 51.2.

[181] Isaia. 61.9.

[182] Isaia. 65.8.

[183] Isaia. 65.16.

[184] Isaia. 65.23.

[185] Ier. 4.2.

Să vă dezlege Domnul pe voi de toată robia văzută şi cea nevăzută, ca să ziceţi cu Ieremia proorocul: *Aşa zice Domnul Savaot, Dumnezeul lui Israel: "De acum înainte, când voi întoarce robia lor, vor grăi în pământul lui Iuda şi în cetăţile lui cuvintele acestea: "Locaş al dreptăţii şi munte sfânt, Domnul să te binecuvânteze!"*[187]

Împărtăşirea Duhului Sfânt să fie cu voi cu toţi şi să vedeţi slava Lui, împreună cu a Tatălui şi a Fiului, ca să ziceţi ca şi Iezechiel: *Atunci m-a ridicat Duhul şi am auzit la spatele meu un glas mare ca de tunet care zicea: "Binecuvântată fie slava Domnului în locul unde sălăşluieşte El!"*[188]

Să vă înalţe pe voi Domnul, ca pe un munte binecuvântat, şi să aveţi parte de zicerea lui Iezechiel: *Voi dărui lor şi împrejurimilor muntelui Meu binecuvântare şi ploaie le voi trimite la vreme; ploi de binecuvântare vor fi acestea.*[189]

Milostivi să fiţi voi din prinoasele voastre, căci zice Iezechia: *Pârga din toate roadele voastre şi din tot felul de prinoase, ori din ce s-ar alcătui prinoasele voastre, este a preoţilor. Pârga din cele treierate ale voastre să o daţi preotului, ca să odihnească binecuvântarea asupra casei tale.*[190]

Să zicem toţi, împreună cu proorocul Daniel: *Şi a început Daniel a grăi: « Să fie numele lui Dumnezeu binecuvântat din veac şi până în veac, că a Lui este înţelepciunea şi puterea.*[191]

Izbăviţi să fiţi voi de toată primejdia, focul şi răutatea, ca să mărturisiţi pe Domnul, zicând ca şi Nabucodonosor: *Binecuvântat să fie Dumnezeul lui Şadrac,*

---

[186] Ier. 17.7.
[187] Ier. 31.23.
[188] Iez. 3.12.
[189] Iez. 34.26.
[190] Iez. 44.30.
[191] Daniel 2.20.

Meşac şi Abed-Nego, Care a trimis pe îngerul Său şi a izbăvit pe servii Săi, care îşi puseseră nădejdea în El şi care au călcat porunca regelui şi şi-au dat trupurile lor ca să nu slujească şi să nu se închine altor dumnezei decât Dumnezeului lor.[192]

Să vă dea vouă Domnul mintea cea de pe urmă şi să vă întoarceţi la El: *Şi după trecerea acestui timp, eu Nabucodonosor, am ridicat ochii mei la cer şi mintea mi-a venit din nou şi am binecuvântat pe Cel Preaînalt şi Celui veşnic viu l-am adus laudă şi preamărire, că puterea Lui este putere veşnică, iar împărăţia Lui din neam în neam.*[193]

Pocăiţi-vă, că s-a apropiat Împărăţia cerurilor: *O, de v-aţi întoarce şi v-aţi pocăi, ar rămâne de pe urma voastră o binecuvântare, un prinos şi o jertfă cu turnare pentru Domnul Dumnezeul vostru!*[194]

Binecuvântarea Domnului să fie peste voi, începând de astăzi, cum zice proorocul Agheu: *Dar începând din ziua aceasta voi da binecuvântarea Mea!*[195]

Binecuvântare să fiţi voi pentru vecinii voştri: *...vă voi izbăvi pe voi, şi veţi fi o binecuvântare. Nu vă temeţi, ci întăriţi-vă mâinile!*[196]

Daţi slavă lui Dumnezeu şi ziceţi cu toţii: Slavă Tatălui şi Fiului şi Sfântului Duh, acum şi pururea şi în vecii vecilor, căci Maleahi proorocul zice: *Dacă voi nu veţi asculta şi nu veţi pleca inima ca să daţi slavă numelui Meu"*, zice Domnul Savaot, *"voi trimite peste voi blestemul şi voi blestema binecuvântarea voastră. Şi chiar am blestemat-o, căci voi nu puneţi la inimă poruncile Mele.*[197]

Aduceţi Domnului prinoase cu bună mireasmă duhovnicească, căci zice proorocul: *Aduceţi toate zeciuielile*

---

[192] Daniel 3.28.

[193] Daniel 4.31.

[194] Ioil 2.14.

[195] Agheu 2.19.

[196] Zah. 8.13.

[197] Mal. 2.2.

la vistierie şi să fie merinde în casa Mea şi puneţi-Mă şi pe Mine la încercare", zice Domnul Savaot, *"şi veţi vedea că vai deschide, la dorinţa voastră, stăvilarele cerului şi voi vărsa din belşug binecuvântarea, spre binele vostru.*[198]

Întindeţi mâinile voastre către Cer şi să ne rugăm, cum s-a rugat Tobit: *Şi în clipa aceea, întinzând braţele spre fereastră se ruga astfel: "Binecuvântat eşti Tu, Doamne Dumnezeul meu şi binecuvântat să fie numele Tău cel sfânt şi slăvit în veci! Să Te binecuvânteze pe Tine toate făpturile Tale în veci!*[199]

Ascultaţi, fiilor, ce zice Domnul: *Păzeşte-te, fiule, de orice desfrânare! Să-ţi iei femeie din seminţia tatălui tău, şi să nu-ţi iei femeie străină, căci noi suntem fii de prooroci. Părinţii noştri din vechime sunt Noe, Avraam, Isaac şi Iacov. Adu-ţi aminte, fiule, că ei cu toţii şi-au luat femei din mijlocul fraţilor lor şi au fost binecuvântaţi în fiii lor, şi urmaşii lor vor moşteni pământul.*[200]

Fraţilor, rugaţi neîncetat pe Domnul Dumnezeul lui Israel: pe Tatăl şi pe Fiul şi pe Sf. Duh; căci aşa zice Domnul: *Binecuvântează pe Domnul Dumnezeu în tot timpul şi cere de la El să călăuzească căile tale şi ca toate gândurile tale să izbândească, căci înţelepciunea nu este dată la tot neamul, şi Domnul dă tot binele şi, pe cine voieşte, îl ridică sau îl coboară până în adâncul locaşului morţilor. Ţine minte deci, fiule, poruncile mele şi să nu se şteargă ele din inima ta.*[201]

Să zicem cu toţii, cum a zis Tobie: *Binecuvântat eşti Tu, Dumnezeul părinţilor noştri, şi binecuvântat este numele Tău cel sfânt şi slăvit întru toţi vecii! Să Te binecuvânteze pe Tine cerurile şi toate făpturile Tale!*[202]

Să zicem cu toţii, cum a zis Raguel:

---

[198] Mal. 3.10.
[199] Cartea lui Tobit 3.11.
[200] Cartea lui Tobit 4.12.
[201] Cartea lui Tobit 4.19.
[202] Cartea lui Tobit 8.5.

Binecuvântat eşti Tu, Dumnezeule, cu tot felul de binecuvântare curată şi sfântă! Să Te binecuvânteze pe Tine drepţii Tăi şi toate făpturile Tale şi toţi îngerii Tăi, şi toţi aleşii Tăi să Te binecuvânteze în veci![203]

Binecuvântat eşti Tu că ne-ai bucurat şi nu ni s-a întâmplat cum socoteam, ci ai făcut cu noi după mila Ta cea mare![204]

Binecuvântat eşti Tu, că ai miluit pe copii şi pe părinţii lor! Miluieşte-i pe ei, Stăpâne, şi dă-le să-şi termine viaţa cu sănătate, cu veselie şi cu milă![205]

Să vă binecuvânteze pe voi Domnul, precum a binecuvântat Gabael pe Tobie![206]

Să binecuvânteze Domnul familiile voastre, precum Raguel a binecuvântat pe Tobie şi pe Sara: *Sănătate bună, copilul meu, şi călătorie bună! Domnul cerului să vă fie în ajutor, ţie şi femeii tale, Sara!*[207]

Binecuvântaţi pe socrii voştri, precum şi Tobie: *După aceea Tobie a plecat, binecuvântând pe Dumnezeu, pentru că i-a îndreptat calea, şi a binecuvântat şi pe Raguel şi pe Edna, femeia lui.*[208]

Vedere bună şi ageră să vă dea vouă Domnul, să ia de la voi nevederea, cum a făcut cu Tobit: *Te văd fiul meu, lumina ochilor mei!" Şi a zis: Binecuvântat eşti Tu, Dumnezeule, şi binecuvântat este numele Tău în veci, şi binecuvântaţi sunt toţi sfinţii Tăi îngeri.*[209]

Binecuvântaţi să fiţi voi de socrii voştri, precum Tobit a zis despre Sara, nora sa: *...s-a apropiat Tobit de Sara, nora sa, a binecuvântat-o şi a zis: "Bine ai venit, fiică! Binecuvântat este Dumnezeu, Cel care te-a adus la noi!*

---

[203] Cartea lui Tobit 8.15.
[204] Cartea lui Tobit 8.16.
[205] Cartea lui Tobit 8.17.
[206] Cartea lui Tobit 9.6.
[207] Cartea lui Tobit 10.12.
[208] Cartea lui Tobit 10.14.
[209] Cartea lui Tobit 11.14.

Binecuvântaţi să fie tatăl tău şi mama ta! Binecuvântat să fie fiul meu Tobie şi binecuvântată să fii tu, fiica mea! Binevenită să fii în casa ta, în bucurie şi binecuvântare! Intră, fiica mea![210]

Preaslăviţi, fraţilor, pe Domnul, şi nu vă leneviţi, după cum ne îndeamnă îngerii la aceasta: *Atunci îngerul i-a chemat pe amândoi deoparte şi le-a zis: Binecuvântaţi pe Dumnezeu, slăviţi-L şi cunoaşteţi slava Lui şi mărturisiţi înaintea tuturor celor vii ce a făcut El pentru voi! Bun lucru este a binecuvânta pe Dumnezeu, a preaînălţa numele Lui şi a vesti, slăvind faptele lui Dumnezeu! Şi voi să nu vă leneviţi a-L preaslăvi. Taina regelui se cuvine s-o păstrezi, iar lucrurile lui Dumnezeu este de laudă să le vesteşti. Faceţi bine şi răul nu vă va ajunge!*[211]

Pace tuturor!

Îngeri păzitori să vă dea vouă Domnul, care să zică vouă: *Nu vă temeţi! Pace veţi avea! Binecuvântaţi pe Dumnezeu în veac!*[212]

Domnului să ne rugăm!

Binecuvântat este Dumnezeu cel veşnic viu şi binecuvântată este Împărăţia Lui.

Căci El pedepseşte şi miluieşte, coboară până la locuinţa morţilor şi iarăşi înalţă, şi nu este nimeni care ar scăpa din mâna Lui!

Fiii lui Israel, preaslăviţi-L în faţa neamurilor căci El ne-a risipit printre ele.

Vestiţi acolo slava Lui, preaînălţaţi-L înaintea tuturor celor vii, căci El este Domnul şi Dumnezeul şi Tatăl

---

[210] Cartea lui Tobit 11.17.
[211] Cartea lui Tobit 12.6-7.
[212] Cartea lui Tobit 12.17.

nostru în toţi vecii.

El vă va pedepsi pentru nedreptăţile voastre şi vă va milui şi vă va aduna din toate neamurile, printre care aţi fost risipiţi.

De vă veţi întoarce la El cu toată inima voastră şi cu tot sufletul vostru, ca să umblaţi înaintea Lui cu dreptate, atunci şi El se va întoarce spre voi şi nu-Şi va ascunde faţa Sa de la voi. Veţi vedea ce va face El cu voi. Preaslăviţi-L cu glas înalt şi binecuvântaţi pe Domnul dreptăţii şi preaînălţaţi pe Împăratul veacurilor. Îl voi preaslăvi în ţara robiei şi voi vesti puterea şi slava Lui poporului păcătoşilor! Întoarceţi-vă păcătoşi, şi faceţi dreptate înaintea Lui! Poate vă va fi binevoitor şi vă va arăta milă.

Voi înălţa pe Dumnezeul meu, şi sufletul meu va înălţa pe Împăratul cerului şi se va bucura de slava Lui.

Să Îl vestească toţi şi să-L preaslăvească în Ierusalim!

Ierusalime, cetate sfântă, El te va pedepsi pentru păcatele fiilor tăi şi iarăşi va milui pe fiii celor drepţi.

Slăveşte pe Domnul cu sârguinţă şi binecuvântează pe Împăratul veacurilor, ca să se zidească iarăşi locaşul Lui cu bucurie în mijlocul tău, şi ca El să veselească în mijlocul tău pe cei duşi în robie şi să-i iubească pe cei nenorociţi ai tăi în toate neamurile veacului.

Popoare multe vor veni de departe în numele Domnului Dumnezeu cu daruri în mâini, cu daruri ce aduc Împăratului cerului.

Neamurile neamurilor Te vor lăuda în strigăte de bucurie. Blestemaţi fie toţi cei ce Te urăsc pe Tine, iar cei ce Te iubesc să fie binecuvântaţi în veac!

Bucură-Te şi Te veseleşte de fiii drepţilor, căci aceia se vor aduna şi vor binecuvânta pe Domnul drepţilor.

O, fericiţi cei ce Te iubesc pe Tine, că aceia se vor bucura de pacea Ta! Fericiţi cei ce s-au întristat de toate pedepsele Tale, că aceia se vor bucura de Tine, când vor vedea toată slava Ta, şi veşnic se vor veseli.

Să binecuvânteze sufletul meu pe Dumnezeu, Împăratul cel mare, căci Ierusalimul se va zidi din nou, cu safir, cu smarald și cu pietre scumpe!

Iar zidurile tale, turnurile și întăriturile se vor face de aur curat!

Piețele Ierusalimului vor fi pardosite cu beril, rubin și piatră de Ofir.

Pe toate ulițele lui va răsuna "Aliluia", și se va cânta: Bine este cuvântat Dumnezeul lui Israel! Întru Tine se va binecuvânta numele Tău cel sfânt, **al Tatălui și al Fiului și al Sf. Duh***, în vecii vecilor!*[213]

Dumnezeu să vă binecuvânteze pe voi, care tăiați capetele vrăjmașilor nevăzuți prin rugăciune, precum este scris: Mărită să fii tu, fiică, de Dumnezeu cel preaînalt, înaintea tuturor femeilor de pe pământ, și preaslăvit să fie Domnul Dumnezeu, Care a făcut cerul și pământul și Care te-a condus pe tine, ca să tai capul căpeteniei dușmanilor noștri. Și Dumnezeu să-ți păstreze o veșnică amintire și să te binecuvânteze spre bine.[214]

Milostivirea să fie peste voi, care vă osteniți la rugăciune și care chemați numele Domnului Iisus: Binecuvântată să fii tu în orice sălaș al lui Iuda și la toate popoarele, care, auzind de numele tău, se vor înspăimânta![215]

Binecuvântați să fiți voi de Dumnezeu cel Atotputernic în veci![216]

Domnului să ne rugăm!

Binecuvântat ești, Doamne, Dumnezeul părinților noștri, și lăudat și preaslăvit este numele Tău în veci.

Binecuvântat ești, Doamne, Dumnezeul părinților

---

[213] Cartea lui Tobit 13.1-18.
[214] Cartea Iuditei 13.17,19.
[215] Cartea Iuditei 14.7.
[216] Cartea Iuditei 15.10 ;

noştri, şi lăudat şi preaînălţat întru toţi vecii.

Binecuvântat este numele cel sfânt al slavei Tale, şi prealăudat şi preaînălţat întru toţi vecii.

Binecuvântat eşti în locaşul sfintei Tale slave, lăudat şi preaslăvit în veci.

Binecuvântat eşti, Cel ce vezi adâncurile şi şezi pe heruvimi şi lăudat şi preaînălţat în veci.

Binecuvântat eşti pe scaunul împărăţiei Tale şi prealăudat şi preaînălţat în veci.

Binecuvântat eşti pe bolta cerului şi prealăudat şi preaslăvit în veci.

Binecuvântaţi toate lucrurile Domnului pe Domnul, lăudaţi-L şi-L preaînălţaţi pe El în veci.

Binecuvântaţi, ceruri, pe Domnul, lăudaţi şi-L preaînălţaţi pe El în veci.

Binecuvântaţi, îngeri, pe Domnul, lăudaţi şi-L preaînălţaţi pe El în veci.

Binecuvântaţi, ape şi toate cele mai presus de cer, pe Domnul, lăudaţi-L şi-L preaînălţaţi pe El în veci.

Binecuvântaţi, toate puterile Domnului, pe Domnul, lăudaţi-L şi-L preaînălţaţi pe El în veci.

Binecuvântaţi, soare şi lună, pe Domnul, lăudaţi-L şi-L preaînălţaţi în veci.

Binecuvântaţi, stelele cerului, pe Domnul, lăudaţi şi-L preaînălţaţi pe El în veci.

Binecuvântaţi, toată ploaia şi roua, pe Domnul, lăudaţi şi-L preaînălţaţi pe El în veci.

Binecuvântaţi, toate vânturile, pe Domnul, lăudaţi şi-L preaînălţaţi pe El intru toţi vecii.

Binecuvântaţi, foc şi căldură, pe Domnul, lăudaţi şi-L preaînălţaţi în veci.

Binecuvântaţi, frig şi căldură, pe Domnul, lăudaţi şi-L preaînălţaţi pe El în veci.

Binecuvântaţi, rouă şi zăpadă, pe Domnul, lăudaţi şi-L preaînălţaţi pe El în veci.

Binecuvântaţi, nopţi şi zile, pe Domnul, lăudaţi şi-L

preaînălţaţi pe El în veci.

Binecuvântaţi, lumină şi întuneric, pe Domnul, lăudaţi şi-L preaînălţaţi pe El în veci.

Binecuvântaţi, gheaţă şi ger, pe Domnul, lăudaţi şi-L preaînălţaţi pe El în veci.

Binecuvântaţi, brume şi zăpezi, pe Domnul, lăudaţi şi-L preaînălţaţi pe El în veci.

Binecuvântaţi, fulgere şi nori, pe Domnul, lăudaţi şi-L preaînălţaţi pe El în veci.

Binecuvântează, pământule, pe Domnul, laudă şi-L preaînalţă în veci.

Binecuvântaţi, munţi şi dealuri, pe Domnul, lăudaţi şi-L preaînălţaţi pe El în veci.

Binecuvântaţi, toate cele ce răsăriţi pe pământ, pe Domnul, lăudaţi şi-L preaînălţaţi pe El în veci.

Binecuvântaţi, izvoare, pe Domnul, lăudaţi şi-L preaînălţaţi pe El în veci,

Binecuvântaţi, mări şi râuri, pe Domnul, lăudaţi şi-L preaînălţaţi pe El în veci.

Binecuvântaţi, chiţi şi toate cele ce se mişcă în ape, pe Domnul, lăudaţi şi-L preaînălţaţi pe El în veci.

Binecuvântaţi, toate păsările cerului, pe Domnul, lăudaţi şi-L preaînălţaţi pe El în veci.

Binecuvântaţi, toate fiarele şi toate dobitoacele, pe Domnul, lăudaţi şi-L preaînălţaţi pe El în veci.

Binecuvântaţi, voi fiii oamenilor, pe Domnul, lăudaţi şi-L preaînălţaţi pe El în veci.

Binecuvântează, Israel, pe Domnul, lăudaţi şi-L preaînălţaţi pe El în veci.

Binecuvântaţi, preoţi, pe Domnul, lăudaţi şi-L preaînălţaţi pe El în veci.

Binecuvântaţi, slujitori, pe Domnul, lăudaţi şi-L preaînălţaţi pe El în veci.

Binecuvântaţi, voi, duhuri şi suflete ale drepţilor, pe Domnul, lăudaţi şi-L preaînălţaţi pe El în veci.

Binecuvântaţi, voi, cei sfinţi şi smeriţi cu inima, pe

Domnul, lăudaţi şi-L preaînălţaţi pe El în veci.

Binecuvântaţi, Anania, Azaria, şi Misael, pe Domnul, lăudaţi şi-L preaînălţaţi pe El în veci; că ne-a scos pe noi din locuinţa morţilor, şi din mâna morţii ne-a smuls pe noi, şi ne-a izbăvit pe noi din mijlocul cuptorului care arde cu văpaie de foc, şi din mijlocul văpăii ne-a izbăvit pe noi.

Binecuvântaţi pe Domnul, Dumnezeul dumnezeilor, toţi care vă închinaţi Lui, lăudaţi şi mulţumiţi, că în veac este mila Lui".[217]

Întru adevăr, să vă sălăşluiască pe voi Domnul, Care a zis: *Eu sunt Calea, Adevărul şi Viaţa. Nimeni nu vine la Tatăl Meu decât prin Mine.*[218] După cum Ezdra a zis: *Tot pământul cheamă adevărul, şi cerul pe el îl binecuvântează, şi toate lucrurile se clatină şi se cutremură, şi nimic la el nu este strâmb. Aceasta este tăria, împărăţia, puterea şi mărirea tuturor veacurilor! Binecuvântat să fie Dumnezeul adevărului!*[219]

Să zicem cum a zis Zorobabel: *ridicându-şi faţa la cer înaintea Ierusalimului, a binecuvântat pe împăratul cerului, zicând: ...Binecuvântat eşti Tu, Cel care mi-ai dat mie înţelepciune, şi pe Tine Te preaslăvesc, Doamne al părinţilor noştri!*[220]

Libertate să vă dăruiască Domnul vouă, ca să ziceţi cum au zis fiii lui Israel în timpul lui Ezdra: *Şi au binecuvântat pe Dumnezeul părinţilor lor, căci le-a dat libertate şi învoire, ca să se întoarcă...*[221]

Binecuvântaţi pe Domnul în cântări, în chimvale şi în trâmbiţe precum în vremea lui Ezdra: *Şi au stat preoţii toţi în odăjdii, cu cântări, şi cu trâmbiţe, şi leviţii, fiii lui Asaf, lăudau cu chimvale pe Domnul, binecuvântând după rânduiala lui David, regele lui Israel.*[222]

---

[217] Cântarea celor trei tineri 1.2, 28-67.
[218] In. 14.6.
[219] 3Ezdra 4.36,40.
[220] 3Ezdra 4.60.
[221] 3Ezdra 4.62.

Să zicem cum a zis Ezdra: *Binecuvântat este singur Domnul Dumnezeul părinţilor mei, Cel care a dat acestea în inima regelui spre a cinsti templul Lui cel din Ierusalim.*[223]

Înţelepciune drepţi, să binecuvântăm pe Domnul!

Şi dezlegând legea, toţi în picioare au stat şi a binecuvântat Ezdra pe Domnul Dumnezeul cel Preaînalt, pe Dumnezeul Savaot Atotţiitorul.[224]

Pedeapsa să o ia Domnul de la voi, precum este scris: *Ceea ce fusese pedeapsă pentru vrăjmaşi s-a făcut pentru ei, în nevoia lor, binecuvântare.*[225]

Cu spor să fie lucrul mâinilor voastre, căci scris este: *Şi binecuvântat este lemnul care slujeşte la o trebuinţă binecuvântată.*[226]

Cinstiţi pe părinţii voştri şi binecuvântare părintească să aveţi, precum este scris: *Cu fapta şi cu cuvântul cinsteşte pe tatăl tău şi pe mama ta, ca să-ţi vină binecuvântare de la ei.*[227]

Binecuvântaţi să fiţi voi de părinţii voştri, căci scris este: *Că binecuvântarea tatălui întăreşte casele fiilor, iar blestemul mamei le dărâmă până în temelie.*[228]

Înţelepciune să vă dea Domnul vouă, căci *cel care o ţine va moşteni mărire şi oriunde va merge îl va binecuvânta Domnul.*[229]

Milostenie faceţi voi cu cei săraci, căci scris este: *Şi celui sărac întinde-i mâna ta, ca binecuvântarea ta să fie*

---

222 3Ezdra 5.81.
223 3Ezdra 8.28.
224 3Ezdra 9.46.
225 Cartea înţelepciunii lui Solomon 11.5.
226 Cartea înţelepciunii lui Solomon 14.7.
227 Cartea înţelepciunii lui Isus, fiul lui Sirah (Ecclesiasticul) 3.8.
228 Cartea înţelepciunii lui Isus, fiul lui Sirah (Ecclesiasticul) 3.9.
229 Cartea înţelepciunii lui Isus, fiul lui Sirah (Ecclesiasticul) 4.14.

desăvârşită.[230]

Credincioşi să fiţi voi, căci: *Binecuvântarea Domnului este plata celui credincios şi într-un ceas, degrabă, răsare binecuvântarea Lui.*[231]

Hrăniţi pe cei flămânzi, voi, binecredincioşilor, căci *pe cel ce dă ospeţe strălucite, îl vor binecuvânta buzele şi mărturia dărniciei lui este întemeiată.*[232]

Fiţi mulţumiţi şi nu grăiţi cuvânt trufaş, căci scris este: *Şi pentru aceasta binecuvântează pe Cel care te-a făcut şi veseleşte-te din bunătăţile Lui.*[233]

Osebiţi să fiţi voi întru Domnul, precum este scris: *Dintre ei a binecuvântat şi a înălţat, i-a sfinţit şi i-a apropiat la Sine.*[234]

Să vă înalţe pe voi Domnul, precum este scris: *Ca unul care adună în vie pe urma culegătorilor, dar cu binecuvântarea Domnului am ajuns şi ca cel care culege am umplut teascul.*[235]

Rugaţi-vă fiilor Domnului, căci *El înalţă sufletul şi luminează ochii, dând vindecare, viaţă şi binecuvântare.*[236]

Preotul ridicându-şi mâinile:

Ascultă, Doamne, rugăciunea celor care se roagă ţie pentru poporul Tău, după binecuvântarea lui Aaron, ca să cunoască toţi cei de pe pământ că Tu, Doamne, eşti Dumnezeul veacurilor.[237]

Bărbaţi înţeleptiţi de Domnul să fiţi voi, căci *bărbatul înţelept se va umple de binecuvântare şi-l vor ferici toţi cei*

---

[230] Cartea înţelepciunii lui Isus, fiul lui Sirah (Ecclesiasticul) 7.34.

[231] Cartea înţelepciunii lui Isus, fiul lui Sirah (Ecclesiasticul) 11.24.

[232] Cartea înţelepciunii lui Isus, fiul lui Sirah (Ecclesiasticul) 31.27.

[233] Cartea înţelepciunii lui Isus, fiul lui Sirah (Ecclesiasticul) 32.14.

[234] Cartea înţelepciunii lui Isus, fiul lui Sirah (Ecclesiasticul) 33.12.

[235] Cartea înţelepciunii lui Isus, fiul lui Sirah (Ecclesiasticul) 33.20.

[236] Cartea înţelepciunii lui Isus, fiul lui Sirah (Ecclesiasticul) 34.19.

[237] Cartea înţelepciunii lui Isus, fiul lui Sirah (Ecclesiasticul) 36.19.

care îl vor vedea.[238]

Şi ca tămâia bine-mirosiţi şi înfloriţi floare ca şi crinul. Daţi miros şi lăudaţi cu cântare, binecuvântaţi pe Domnul întru toate lucrurile.[239]

Ploaie la bună vreme să vă dea vouă Domnul: *Binecuvântarea Lui a acoperit pământul ca un râu şi ca un potop a adăpat uscatul.*[240]

Şi acum cu toată inima şi gura lăudaţi şi binecuvântaţi numele Domnului.[241]

Harul Domnului nostru Iisus Hristos şi dragostea lui Dumnezeu Tatăl şi împărtăşirea Sf. Duh să fie cu voi cu toţi, căci *harul este ca un rai plin de binecuvântări; şi milostenia în veac rămâne.*[242]

Frica de Dumnezeu este începutul înţelepciunii, căci scris este: Frica de Dumnezeu este un rai binecuvântat, şi mai mult decât toată mărirea, preţul ei.[243]

Ziceţi după ploaie: *Vezi curcubeul şi binecuvântează pe Cel care l-a făcut; că foarte frumos este în strălucirea sa.*[244]

Să vă dea Domnul vouă, precum a dat lui Avraam, prunci mulţi, sănătoşi şi viguroşi: *Pentru aceea cu jurământ a statornicit Dumnezeu că întru sămânţa lui va binecuvânta neamurile, şi va înmulţi-o ca ţărâna pământului, şi ca stelele va înălţa sămânţa lui...*[245]

Să întărească Domnul Dumnezeu Harul Său peste voi, precum a făcut asupra lui Iacov: *Binecuvântarea tuturor oamenilor şi aşezământul de lege a odihnit pe capul lui Iacov.*[246]

---

[238] Cartea înţelepciunii lui Isus, fiul lui Sirah (Ecclesiasticul) 37.27.

[239] Cartea înţelepciunii lui Isus, fiul lui Sirah (Ecclesiasticul) 39.18, 19.

[240] Cartea înţelepciunii lui Isus, fiul lui Sirah (Ecclesiasticul) 39.27.

[241] Cartea înţelepciunii lui Isus, fiul lui Sirah (Ecclesiasticul) 39.41.

[242] Cartea înţelepciunii lui Isus, fiul lui Sirah (Ecclesiasticul) 40.19.

[243] Cartea înţelepciunii lui Isus, fiul lui Sirah (Ecclesiasticul) 40.30.

[244] Cartea înţelepciunii lui Isus, fiul lui Sirah (Ecclesiasticul) 43.13.

[245] Cartea înţelepciunii lui Isus, fiul lui Sirah (Ecclesiasticul) 44.23.

[246] Cartea înţelepciunii lui Isus, fiul lui Sirah (Ecclesiasticul) 44.26.

Moştenire să vă dea vouă Domnul şi întru milă să vă cunoască, precum pe Iacov: *Cunoscutu-l-a pe el întru binecuvântările sale şi i-a dat lui moştenire.*[247]

Cu urmaşi vrednici şi cucernici să vă învrednicească pe voi Domnul, asemenea lui Moise: *Şi a scos Domnul din Iacob bărbat cucernic, care a aflat har înaintea ochilor a tot trupul, pe Moise cel iubit de Dumnezeu şi de oameni, a cărui pomenire este întru binecuvântări.*[248]

Preoţi asemenea cu Aaron din neamul vostru să înalţe Domnul: *A fost lui spre legătură veşnică, şi seminţiei lui în toate zilele cerului, ca să slujească şi să preoţească şi să binecuvânteze pe poporul Lui întru numele Lui.*[249]

Oameni drepţi, cu judecată dreaptă să vă arate pe voi Domnul: *Şi judecătorii toţi, pe numele lor, a căror inimă nu s-a desfrânat şi care nu s-au întors de la Domnul, fie pomenirea lor întru binecuvântare!*[250]

Binecuvântaţi să fiţi voi, ca şi David: *Aşa întru zeci de mii l-a mărit pe el şi l-a lăudat intru binecuvântări Domnul, aducând lui stemă de mărire.*[251]

Binecuvântaţi, măriţi şi apreciaţi să fiţi voi precum Simon, fiul lui Onie, preotul cel mare:

Ca luceafărul de dimineaţă în mijlocul norului; ca luna plină în zilele ei;

Ca soarele strălucind peste locaşul Celui Preaînalt şi ca arcul curcubeului luminând în norii slavei;

Ca floarea trandafirului în zilele primăverii, ca floarea crinului la curgerea apelor;

Ca odrasla Libanului în zilele verii, ca focul şi ca tămâia pe căţuie;

Ca vasul cel de aur, bătut şi împodobit cu tot felul de piatră scumpă;

---

[247] Cartea înţelepciunii lui Isus, fiul lui Sirah (Ecclesiasticul) 44.27.

[248] Cartea înţelepciunii lui Isus, fiul lui Sirah (Ecclesiasticul) 45.1.

[249] Cartea înţelepciunii lui Isus, fiul lui Sirah (Ecclesiasticul) 45.19.

[250] Cartea înţelepciunii lui Isus, fiul lui Sirah (Ecclesiasticul) 46.14.

[251] Cartea înţelepciunii lui Isus, fiul lui Sirah (Ecclesiasticul) 47.6.

Ca măslinul ce odrăsleşte roade şi ca chiparosul ce se înalţă în nori. ...măreţ în şuvoiul poporului, când ieşea din templul Domnului![252]

Toate să le biruiţi, lumina Domnului să fie potecile voastre că Domnul dă celor credincioşi înţelepciune. Bine este cuvântat Domnul în veac. Fie! Fie![253]

Şi acum, binecuvântaţi pe Dumnezeu, toţi, pe Cel care face lucruri mari pretutindeni.[254]

Strigaţi toată adunarea cu glas mare şi binecuvântaţi pe Dumnezeu, Cel care izbăveşte pe cei care nădăjduiesc în El.[255]

Pomeniţi să fiţi voi întru binecuvântare, precum Iuda, care s-a chemat Macabeul: *...şi a veselit pe Iacov cu faptele sale şi până în veac pomenirea lui întru binecuvântare.[256]*

Izbândă să vă dea vouă Domnul, precum lui Iuda: *Şi întorcându-se, a lăudat şi a binecuvântat pe Dumnezeul cerului, că este bun, că în veac este mila Lui.[257]*

Ajutor să vă dea vouă Domnul: *Şi a căzut tot poporul cu faţa la pământ şi s-a închinat şi a binecuvântat pe Dumnezeul Cerului, Cel care i-a ajutat.[258]*

Întru toate binecuvântat este Dumnezeul nostru, Cel care a dat pierzării pe cei care au făcut fapte păgâneşti.[259]

Să umple Domnul casele voastre de bucurie şi de veselie prin arătarea Feţei Sale, ca să lăudaţi pe Domnul: *Iar aceia binecuvântau pe Domnul, Cel care a mărit locul Său şi templul Său, care cu puţin mai înainte fusese plin de frică şi de tulburare iar când S-a arătat Domnul Atotţiitorul, s-a umplut de veselie şi de bucurie.[260]*

---

[252] Cartea înţelepciunii lui Isus, fiul lui Sirah (Ecclesiasticul) 50.5-11.

[253] Cartea înţelepciunii lui Isus, fiul lui Sirah (Ecclesiasticul) 50.31.

[254] Cartea înţelepciunii lui Isus, fiul lui Sirah (Ecclesiasticul) 50.24.

[255] Istoria Susanei 1.61.

[256] 1Macab. 3.7.

[257] 1Macab. 4.24.

[258] 1Macab. 4.55.

[259] 2Macab. 1.17.

Cu laude şi cu mărturisiri cântaţi Domnului, Cel care mult bine a făcut lui Israel şi i-a dat biruinţă.[261]

Toţi împreună lăudaţi pe milostivul Dumnezeu şi întăriţi-vă cu inimile![262]

Toţi preamăriţi pe Judecătorul cel drept, pe Domnul, Cel care arată cele ascunse![263]

Binecuvântaţi pe Cel Puternic în graiul părinţilor.[264]

Toţi căutând la cer, binecuvântaţi pe Domnul Dumnezeu, zicând:

Bine este cuvântat Cel care a păzit locul Său neîntinat.[265]

Dezlegaţi să fiţi voi şi pe Sfântul Dumnezeu, Izbăvitorul vostru, Care vă scapă de la moarte[266], binecuvântaţi-L.

Iubiţi pe vrăjmaşii voştri, binecuvântaţi pe cei ce vă blestemă, faceţi bine celor ce vă urăsc şi rugaţi-vă pentru cei ce vă vatămă şi vă prigonesc![267]

Să înmulţească Domnul cele ale voastre, cum a înmulţit cele cinci pâini şi cei doi peşti: *Şi poruncind să se aşeze mulţimile pe iarbă şi luând cele cinci pâini şi cei doi peşti şi privind la cer, a binecuvântat şi, frângând, a dat ucenicilor pâinile, iar ucenicii mulţimilor.[268]*

Binecuvântaţi pe Domnul din toată inima voastră, căci bun este Domnul şi milostiv: *Iar mulţimile care mergeau înaintea Lui şi care veneau după El strigau zicând: Osana Fiului lui David; binecuvântat este Cel ce vine întru numele Domnului! Osana întru cei de sus![269]*

---

[260] 2Macab. 3.30.

[261] 2Macab. 10.38.

[262] 2Macab. 11.9.

[263] 2Macab. 12.41.

[264] 2Macab. 15.29.

[265] 2Macab. 15.34.

[266] 3Macab. 6.29.

[267] Mat. 5.44.

[268] Mat. 14.19.

Binecuvântat este Cel ce vine întru numele Domnului.[270]

Întru Lumina Sa să vă sălăşluiască pe voi Domnul Dumnezeu, ca să auziţi toţi: *Veniţi, binecuvântaţii Tatălui Meu, moşteniţi împărăţia cea pregătită vouă de la întemeierea lumii.*[271]

Vrednici să vă arate pe voi Domnul de Sf. Euharistie, întru binecuvântare: *Iar pe când mâncau ei, Iisus, luând pâine şi binecuvântând, a frânt şi, dând ucenicilor, a zis: Luaţi, mâncaţi, acesta este trupul Meu.*[272]

Să vă binecuvânteze pe voi Domnul, cum a făcut cu pruncii: *Şi, luându-i în braţe, i-a binecuvântat, punându-Şi mâinile peste ei.*[273]

Să zicem toţi: *Binecuvântată este împărăţia ce vine a părintelui nostru David! Osana întru cei de sus!*[274]

Binecuvântate cu bucurie să fiţi voi, surorilor, şi pline de har, Domnul să fie cu voi, binecuvântate între femei! Binecuvântat să fie rodul pântecelui vostru!

Să binecuvântăm pe Maica Domnului:

Cuvine-se cu adevărat să te fericim pe tine, Născătoare de Dumnezeu...

Binecuvântat este Domnul Dumnezeul lui Israel, că a cercetat şi a făcut răscumpărare poporului Său;[275]

Binecuvântaţi pe cei ce vă blestemă, rugaţi-vă pentru cei ce vă fac necazuri.[276]

Binecuvântat este Împăratul care vine întru numele

---

[269] Mat. 21.9.
[270] Mat. 23.39.
[271] Mat. 25.34.
[272] Mat. 26.26.
[273] Marcu 10.16.
[274] Marcu 11.10.
[275] Luca 1.68.
[276] Luca 6.28.

Domnului! Pace în cer şi slavă întru cei de sus.[277]

Binecuvântat este Dumnezeu şi Tatăl Domnului nostru Iisus Hristos, Părintele îndurărilor şi Dumnezeul a toată mângâierea.[278] *Dumnezeu şi Tatăl Domnului nostru Iisus, Cel ce este binecuvântat în veci.*[279]

Prin Hristos Iisus, să vină la voi binecuvântarea lui Avraam, ca să primim, prin credinţă, făgăduinţa Duhului.[280]

Binecuvântat fie Dumnezeu şi Tatăl Domnului nostru Iisus Hristos, Cel ce, întru Hristos, ne-a binecuvântat pe noi, în ceruri, cu toată binecuvântarea duhovnicească;[281]

Binecuvântat fie Dumnezeu şi Tatăl Domnului nostru Iisus Hristos, Care, după mare mila Sa, prin învierea lui Iisus Hristos din morţi, ne-a născut din nou, spre nădejde vie.[282]

Celui ce şade pe tron şi Mielului fie binecuvântarea şi cinstea şi slava şi puterea, în vecii vecilor![283]

Binecuvântarea şi slava şi înţelepciunea şi mulţumirea şi cinstea şi puterea şi tăria fie Dumnezeului nostru, în vecii vecilor. Amin![284]

Domnului să ne rugăm, [285]

Binecuvântează, suflete al meu, pe Domnul, ca să nu te afli dezbrăcat de Dumnezeu şi de împărăţia cea veşnică şi de orice desfătare,

Binecuvântează, suflete al meu, pe Domnul, ca să nu se facă ţie Evă înţelegătoare cugetul cel pătimaş şi să guşti cele amare pururea,

---

[277] Luca 19.38.

[278] 2Cor. 1.3.

[279] 2Cor. 11.31.

[280] Gal. 3.14.

[281] Efes. 1.3.

[282] 1Petru 1.3.

[283] Apoc. 5.13.

[284] Apoc. 7.12.

[285] Vezi Triodul, Editura Institutului Biblic şi de Misiune Ortodoxă, Bucureşti, 2010.

Binecuvântează, suflete al meu, pe Domnul, ca să guşti din pomul vieţii, cuvintele Lui cele de viaţă,

Binecuvântează, suflete al meu, pe Domnul, Treime, fiinţă preaînaltă, închinată întru Unime,

Binecuvântează, suflete al meu, pe Născătoarea de Dumnezeu, Stăpâna curată, nădejdea şi folositoarea celor ce laudă pe Domnul,

Binecuvântează, suflete al meu, pe Domnul Hristos, Care a venit din Fecioară cu trup,

Binecuvântează, suflete al meu, pe Domnul, şi-L laudă pe Dânsul,

Binecuvântează, suflete al meu, pe Domnul, Mântuitorul meu, că blând este şi primeşte mărturisirea cea plină de căldură,

Binecuvântează, suflete al meu, pe Domnul Dumnezeu, ca să nu ţi se strice ţie frumuseţea minţii,

Binecuvântează, suflete al meu, pe Domnul, Care, ca şi lui Petru, şi nouă ne întinde mâna Sa şi din viforul răutăţilor ne scoate pe noi,

Binecuvântează, suflete al meu, pe Domnul, ca să ţii neîntinată şi nepătată haina trupului, podoaba cea după chipul şi asemănarea Lui,

Binecuvântează, suflete al meu, pe Domnul, ca să nu se întunece frumuseţea sufletului cu plăcerile patimilor, iar mintea ţărână să se facă,

Binecuvântează, suflete al meu, pe Domnul, ca să nu se rupă veşmântul cel dintâi, ţesut de Ziditorul, şi gol să te arăţi,

Binecuvântează, suflete al meu, pe Domnul, ca să nu te îmbraci cu cu haina ruptă, ţesută de şarpele viclean,

Binecuvântează, suflete al meu, pe Domnul, ca să îţi dea ţie lacrimile desfrânatei şi să se milostivească către tine,

Binecuvântează, suflete al meu, pe Domnul, ca să nu se amăgească mintea cu frumuseţea pomului, iar începătorii răutăţilor să lungească asupra ta fărădelegea lor,

Binecuvântează, suflete al meu pe, Domnul, laudă pe

Dumnezeul tuturor, Unul în trei feţe: pe Tatăl şi pe Fiul şi pe Sf. Duh,

Binecuvântează, suflete al meu, pe Născătoarea de Dumnezeu, una prealăudată, îndelung rugătoare,

Binecuvântează, suflete al meu, pe Domnul, ca să te întăreşti pe piatra neclintită a poruncilor Lui,

Binecuvântează, suflete al meu, pe Domnul, Care oarecând a plouat foc şi a ars pământul Sodomei,

Binecuvântează, suflete al meu, pe Domnul, ca să scapi ca şi Lot la munte în Sigor şi să nu te aprinzi de arderea Sodomei, dumnezeiasca văpaie,

Binecuvântează, suflete al meu, pe Domnul, Păstorul cel bun, Care nu trece cu vederea, ci caută mielul cel rătăcit,

Binecuvântează, suflete al meu, pe Domnul,

Binecuvântează, suflete al meu, pe Domnul Iisus, Ziditorul tău, Mântuitorul şi Îndreptătorul, Înduratul Dumnezeu,

Binecuvântează, suflete al meu, pe Născătoarea de Dumnezeu, scaunul Domnului, Maica Vieţii,

Binecuvântează, suflete al meu, pe Domnul, îngrijeşte-te, găteşte-te, scoală-te, căci vremea se scurtează, lângă uşi este Judecătorul,

Binecuvântează, suflete al meu, pe Domnul, deşteaptă-te, ia seama la faptele tale, varsă lacrimi de pocăinţă, mărturiseşte Lui faptele şi cugetele tale şi te îndreptează,

Binecuvântează, suflete al meu, pe Domnul, înnoieşte-te şi pe scara patriarhului suie-te cu lucrarea şi înălţarea gândului,

Binecuvântează, suflete al meu, pe Domnul, şi două femei agoniseşte: pe Lia, adică lucrarea, cu mulţi copii, şi pe Rahila, adică gândirea, cea cu multă osteneală,

Binecuvântează, suflete al meu, pe Domnul, Treimea, nedespărţită în fiinţă, neamestecată în feţe, Dumnezeire, una în Treime, o împărăţie şi un scaun, cu cântare întreită întru cele de sus,

Binecuvântează, suflete al meu, pe cea care a născut și care a rămas fecioară, legile firii fiind biruite,

Binecuvântează, suflete al meu, pe Domnul, Care ne luminează, ne îndreptează și ne învață,

Binecuvântează, suflete al meu, pe Domnul, Care de la întuneric, din adâncul nopții păcatului, la lumină ne scoate pe noi și fii ai zilei ne arată,

Binecuvântează, suflete al meu, pe Domnul, nu face ca Ruben sfat necuvios în interior, spurcând mintea, patul duhului de suflet,

Binecuvântează, suflete al meu, pe Domnul, nu-ți vinde curăția și înțelepciunea, cum au făcut frații lui Iosif,

Binecuvântează, suflete al meu, pe Domnul, precum odinioară Iosif cel drept și cu mintea curată,

Binecuvântează, suflete al meu, pe Domnul, Sfânt, Sfânt, Sfânt, Părintele, Fiul și Duhul, ființă singură prin sine, Unime,

Binecuvântează, suflete al meu, pe Domnul, Cuvântul, ziditorul veacurilor, Care și-a împreunat Luiși firea omenească,

Binecuvântează, suflete al meu, pe Domnul, chiar și din iadul cel mai de jos, suspinând din adânc curat, cu toată inima,

Binecuvântează, suflete al meu, pe Domnul, ca să nu te înstrăinezi ca Datan și ca Abiron, și să te înghită prăpastia pământului,

Binecuvântează, suflete al meu, pe Domnul, cu lucrarea și cu gândirea, aripile minții, ca să nu te faci ca Efrem, sălbatică juninca,

Binecuvântează, suflete al meu, pe Domnul, ca să se albească și să se curețe viața ta cea leproasă,

Binecuvântează, suflete al meu, pe Domnul, Treimea, neamestecată, nedespărțită, despărțită după fețe, Unime după fire, Tatăl, Fiul și Duhul Sfânt,

Binecuvântează, suflete al meu, pe Domnul, ca să afli Împărăția, precum Saul după ce a pierdut asinii tatălui său,

Binecuvântează, suflete al meu, pe Domnul, ca să nu te afli ca şi David desfrânat şi ucigător,

Binecuvântează, suflete al meu pe Domnul, Treime, Lumini şi Lumină, şi trei Sfinte şi Unul Sfânt, viaţă şi vieţi, Dumnezeul tuturor,

Binecuvântează, suflete al meu pe Domnul, pe Care Îl slăvesc oştirile cereşti, de Care se cutremură heruvimii şi serafimii, laudă-L şi Îl preaînalţă pe El,

Binecuvântează, suflete al meu, pe Domnul, suindu-te ca Ilie în carul virtuţilor, mai presus de cele pământeşti,

Binecuvântează, suflete al meu, pe Domnul, ca Elisei asemănându-te, şi îmbracă cojocul harului, Iordanul desparte prin dreapta socoteală,

Binecuvântează, suflete al meu, pe Domnul şi Îl primeşte pe El ca Samarineanca cu gând bun, primitor de străini călători învredniceşte-te,

Binecuvântează, suflete al meu, pe Domnul, ca să scapi mintea de gândurile spurcate iubitoare de argint ale lui Ghiezi,

Binecuvântează, suflete al meu, pe Domnul, pe Tatăl Cel fără de început, născător al Cuvântului, pe Fiul Cel împreună fără de început, pe Mângâietorul cel bun, Duhul cel drept, cel viu şi făcător, Treime-Unime,

Binecuvântează, suflete al meu, pe Domnul, adu-ţi aminte de Moise, de Lege, de Profeţi, de Evanghelie, de pildele Scripturii,

Binecuvântează, suflete al meu, pe Domnul, aseamănă-te cu Abel şi adu mieii gândurilor tale jertfă cu bun miros, viaţă fără prihană, ca să nu te faci Cain ucigător de cugete curate,

Binecuvântează, suflete al meu, pe Domnul, Iisus, Mielul lui Dumnezeu, Care a ridicat păcatele tuturor şi lanţul meu cel greu al păcatului,

Binecuvântează, suflete al meu, pe Domnul, Care trece cu vederea cele nevrednice ale mele, Cel Atotputernic,

Binecuvântează, suflete al meu, pe Domnul, Cel Care

mă îmbogăţeşte cu virtuţi,

Binecuvântează, suflete al meu, pe Născătoarea de Dumnezeu, nădejdea şi ocrotitoarea mea,

Binecuvântează, suflete al meu, pe Domnul Dumnezeu, Care a plouat mană şi a izvorât apă din piatră în pustie poporului Său,

Binecuvântează, suflete al meu, pe Domnul,

Binecuvântează, suflete al meu, pe Domnul, Iisus, Care venit din Fecioară cu trup,

Binecuvântează, suflete al meu, pe Domnul, lui Noe urmează, de cugetul lui Ham fereşte-te, ca şi Lot fugi, lui Iacov urmează, născând temeiuri şi trepte, patriarhi de fapte bune,

Binecuvântează, suflete al meu, pe Domnul, precum Iov odinioară, pe gunoiul trupului stând, ca să te ţii departe de cugetul Isav cel cu numele Edom,

Binecuvântează, suflete al meu, pe Domnul, ca să primeşti înţelepciunea ca marele Moise, şi loveşte pe egipteanul din cuget şi să vezi pe Dumnezeu în rug,

Binecuvântează, suflete al meu, pe Domnul, fă-te toiag care loveşte marea roşie de gânduri şi încheagă adâncul sufletului în Duhul prin semnul Crucii,

Binecuvântează, suflete al meu, pe Domnul, cu focul inimii fără prihană şi fără vicleşug, precum Aaron şi nu ca Ofni şi Finees,

Binecuvântează, suflete al meu, pe Domnul şi adapă-te nu din fântânile cananeenilor gânduri, ci mai vârtos din Piatra Care varsă curgerile teologiei,

Binecuvântează, suflete al meu, pe Domnul, de cele cereşti îndestulează-te, din coasta Lui, Piatra lovită cu toiagul, şi de bucatele egiptenești depărtează-te,

Binecuvântează, suflete al meu pe Domnul, cercetează, iscodeşte ca Isus a lui Navi pământul făgăduinţei,

Binecuvântează, suflete al meu, pe Domnul, Hristos Dumnezeu, Cel ce este pretutindenea şi toate le plineşte,

Binecuvântează, suflete al meu, pe Domnul, ca şi

odonioară Solomon minunatul, dar fără vicleşug, nu ca Abesalom, nici ca Roboam sau Ieroboam, nici ca Ozia, ca să nu te umpli de lepră sufletească, ci, ca ninivitenii, cu sacul smereniei şi cenuşa cuvintelor Scripturii,

Binecuvântează, suflete al meu, pe Domnul, ca Ieremia din groapa trupului, ca Iona din chitul duhului, ca Daniel care a astupat gurile fiarelor sau ca tinerii cei cu Azaria din văpaia cuptorului,

Binecuvântează, suflete al meu, pe Domnul, ca Ioan Botezătorul în Iudeea şi Samaria,

Binecuvântează, suflete al meu, pe Domnul, ca să te schimbi ca apa din Cana Galileii,

Binecuvântează, suflete al meu, pe Domnul, în duh şi adevăr, ca să înviezi ca fiul văduvei sau ca sluga sutaşului şi să îţi ridici patul, ca paraliticul,

Binecuvântează, suflete al meu, pe Domnul, ca să te tămăduieşti de curgerea gândurilor rele prin atingerea de poala Lui, de orbire şi şchiopătare să te îndreptezi, de surzenie, muţenie şi gârbovire prin cuvânt să te tămăduieşti,

Binecuvântează, suflete al meu, pe Domnul, căci cu slavă S-a preaslăvit!

Binecuvântează, suflete al meu, pe Domnul, Ziditorul tuturor,

Binecuvântează, suflete al meu, pe Domnul, Treime, Fiinţă preaînaltă, închinată întru o Unime,

Binecuvântează, suflete al meu, pe Domnul, asemenea lui Set, urmează lui Enos, mută-te cu Enoh, cu Noe navigă,

Binecuvântează, suflete al meu, pe Domnul, moştean cu Sem şi Iafet te fă, din Haranul păcatului cu Avraam înstrăinează-te şi la Mamvri sub stejar cu îngerii cuvântează,

Binecuvântează, suflete al meu, pe Domnul, ca Isaac jertfeşte-te, ca Agar cu Ismael trezeşte-te, Edenul încuiat deschide-l cu sângele din coasta Lui, ca să nu te afli legat de mâini şi de picioare afară aruncat,

Binecuvântează, suflete al meu, pe Domnul, ca să nu

te afli ca Ianes şi ca Ambres cufundaţi, ci ca Iosua biruieşte pe Amalec, gândurile înşelătoare ale gavaonitenilor,

Binecuvântează, suflete al meu, pe Domnul, Care de mână, ca şi pe Petru, te ţine să nu te scufunzi şi la liman liniştit te soleşte,

Binecuvântează, suflete al meu, pe Domnul, ca de greşelile lui Manase, de necurăţiile lui Ahav să fii ferit şi cu Ilie să deschizi cerul şi să junghii pe proorocii Isabelei şi să fii hrănit ca femeia din Sarepta,

Binecuvântează, suflete al meu, pe Domnul, ca şi canaaneanca: Miluieşte-mă, Fiul lui David ! De poale Lui atinge-te !

Binecuvântează, suflete al meu, pe Domnul, ca vameşul, ca Zaheu în sicomor, în cuvinte ca de mir din alabastru unge picioarele Cuvântului !

Domnului să ne rugăm,[286]

Să vă binecuvânteze pe voi Dumnezeu, a Cărui stăpânire este neasemănată şi slavă neajunsă, cu mila Sa nemăsurată şi cu iubirea Sa de oameni negrăită, să caute spre voi şi spre casele voastre, şi să facă bogate milele Sale şi îndurările Sale cu voi şi cu cei pentru care vă rugaţi voi,

Să vă binecuvânteze pe voi Domnul Dumnezeu, să vă mântuiască pe voi, să vă păzească, să vă sfinţească şi să vă mărească cu dumnezeiască puterea Sa şi să nu vă lase pe voi, cei ce nădăjduiţi întru El,

Să vă binecuvânteze pe voi Domnul Dumnezeu, Cel ce şi la doi şi la trei, care se unesc în numele Său, a făgăduit să le împlinească cererile; să vă plinească cererile cele de folos ale voastre, să vă dea vouă, în veacul de acum, cunoştinţa adevărului Său, şi în cel ce va să fie, viaţă veşnică să vă dăruiască,

Să vă binecuvânteze pe voi Domnul Dumnezeu,

---

[286] Vezi Liturghier, Liturghia Sf. Ioan Gură de Aur, Editura Institutului Biblic şi de misiune al Bisericii Ortodoxe Române, Bucureşti, 2000, p. 125-177.

Stăpânul nostru, Care a aşezat în ceruri cetele şi oştile îngerilor şi ale arhanghelilor spre slujba slavei Sale, să păzească intrările şi ieşirile voastre cu îngeri de-a dreapta şi de-a stânga, cu care împreună să slăviţi bunătatea Lui, căci Lui, Tatălui şi Fiului şi Sfântului Duh, se cuvine toată slava, cinstea şi închinăciunea, acum şi pururea şi în vecii vecilor,
(poporul zice Amin)

Să vă binecuvânteze pe voi Domnul Dumnezeu, Dumnezeul cel sfânt, Care întru sfinţi Se odihneşte, Cel ce este închinat cu glas întreit-sfânt şi este lăudat de serafimi şi slăvit de heruvimi şi de toată puterea cerească;

Să vă binecuvânteze pe voi Domnul Dumnezeu, Cel ce dintru nefiinţă întru fiinţă a adus toate;

Să vă binecuvânteze pe voi Domnul Dumnezeu, Care a zidit pe om după chipul şi asemănarea Sa şi cu tot harul Său l-a împodobit;

Să vă binecuvânteze pe voi Domnul Dumnezeu, cu înţelepciune şi pricepere, căci El este Cel Care dă acestea celui care cere, şi nu trece cu vederea pe cel ce greşeşte, ci pune pocăinţa spre mântuire;

Să vă binecuvânteze pe voi Domnul Dumnezeu şi să nu vă treacă cu vederea, ci să vă învrednicească a sta înaintea slavei sfântului Său jertfelnic şi a-I aduce datorita închinare şi preaslăvire,

Să vă binecuvânteze pe voi Domnul Dumnezeu, şi să vă cerceteze pe voi întru bunătatea Sa.

Să vă binecuvânteze pe voi Domnul Dumnezeu, şi să vă ierte vouă toată greşeala cea de voie şi cea fără de voie, să sfinţească sufletele şi trupurile voastre şi să vă dea vouă să slujiţi Lui în cuvioşie în toate zilele vieţii voastre, că sfânt este Dumnezeul nostru şi Lui slavă înălţăm, Tatălui şi Fiului şi Sfântului Duh, acum şi pururea şi în vecii vecilor,
(poporul zice Amin)

Să vă binecuvânteze pe voi Domnul Dumnezeu, pentru rugăciunile Preasfintei Născătoarei de Dumnezeu şi ale tuturor sfinţilor care din veac au bine-plăcut Lui,

Să vă binecuvânteze pe voi Domnul Dumnezeu, Cel ce şade pe heruvimi,

Să vă binecuvânteze pe voi Domnul Dumnezeu, Iubitorul de oameni, şi să strălucească în inimile voastre lumina cea curată a cunoaşterii Dumnezeirii Sale şi deschidă ochii gândului vostru spre înţelegerea evanghelicelor Sale propovăduiri,

Să vă binecuvânteze pe voi Domnul Dumnezeu şi să pună în voi frica fericitelor Sale porunci, ca toate poftele trupului călcând, vieţuire duhovnicească să petreceţi, cugetând şi făcând toate cele ce sunt spre bună-plăcerea Sa,

Să vă binecuvânteze pe voi Domnul Hristos Dumnezeu, căci El este luminarea sufletelor şi a trupurilor voastre şi Lui slavă înălţăm, împreună şi Celui fără de început al Său Părinte şi Preasfântului şi bunului şi de viaţă făcătorului Său Duh, acum şi pururea şi în vecii vecilor, (poporul zice Amin)

Să vă binecuvânteze pe voi Domnul Dumnezeu Tatăl, să vă dea vouă să binevestiţi cu putere multă Evanghelia iubitului Său Fiu, a Domnului nostru Iisus Hristos, pentru rugăciunile Sfinţilor, întru tot lăudaţilor Apostoli şi Evanghelişti Matei, Marcu, Luca şi Ioan,

Să vă binecuvânteze pe voi Domnul Dumnezeu Tatăl, Care a trimis mântuire neamului omenesc pe Unul-Născut Fiul Său şi Dumnezeu, pe Domnul nostru Iisus Hristos, Cel Care întru cele de sus locuieşte şi spre cei smeriţi priveşte, să vă înveţe pe voi cuvântul adevărului, să vă descopere vouă Evanghelia dreptăţii, să vă unească pe voi cu Sfânta Sa sobornicească şi apostolească Biserică şi să vă numere pe voi cu turma Sa cea aleasă,

Să vă binecuvânteze pe voi Domnul Dumnezeu, Care v-a învrednicit pe voi a sta şi acum înaintea sfântului Său jertfelnic şi a cădea la îndurările Sale, să primească rugăciunea voastră, să vă audă pe voi în toată vremea şi în tot locul şi milostiv să vă fie vouă, întru mulţimea bunătăţii Sale, ca să fiţi fără de osândă şi fără de sminteală, cu mărturie curată în cugetul vostru,

Să vă binecuvânteze pe voi Domnul Dumnezeu, Bunul şi Iubitorul de oameni, şi să privească spre rugăciunea voastră, să curăţească sufletele şi trupurile voastre de toată necurăţia trupului şi a duhului, să vă dea spor în viaţă, în credinţă şi în înţelegerea cea duhovnicească.

Să vă binecuvânteze pe voi Domnul Dumnezeu, să vă învrednicească a vă împărtăşi cu Sfintele Sale Taine şi de cereasca Sa împărăţie,

Să vă binecuvânteze pe voi Domnul Dumnezeu, toată grija cea lumească să o lepădaţi,

Să vă binecuvânteze pe voi Domnul Dumnezeu Cuvântul, Împăratul slavei, înfricoşător chiar şi pentru puterile cele cereşti, Care S-a făcut om, fără mutare şi fără schimbare, Care S-a făcut Arhiereu pentru iubirea Sa de oameni cea negrăită şi nemăsurată,

Să vă binecuvânteze pe voi Domnul Dumnezeu Cuvântul, Care stăpâneşte cele cereşti şi cele pământeşti, Care Se poartă pe scaunul heruvimilor, Care este Domnul serafimilor şi Împăratul lui Israel, Care singur este Sfânt şi întru sfinţi Se odihneşte,

Să vă binecuvânteze pe voi Domnul Dumnezeu Cuvântul, Cel singur bun şi binevoitor, să caute spre voi, robii Lui, şi să vă curăţească sufletul şi inima de cugete viclene, să nu întoarcă faţa Sa de la voi, nici să vă lepede pe voi, ci să binevoiască spre voi şi spre darurile voastre, că El este Cel ce aduce şi Cel ce Se aduce Tatălui, Cel ce primeşte şi Cel ce Se împarte, Hristos, Dumnezeu şi Lui înălţăm slavă, împreună şi Celui fără de început al Lui Părinte şi Preasfântului şi bunului şi de viaţă făcătorului Său Duh, acum şi pururea şi în vecii vecilor. (poporul zice Amin)

Domnului să ne rugăm,

Să vă binecuvânteze pe voi Domnul Dumnezeu, şi să primească jertfa duhovnicească şi rugăciunea voastră şi să o ducă la sfântul Său jertfelnic;

Să vă binecuvânteze pe voi Domnul Dumnezeu, să aflați har înaintea Lui și să se sălășluiască Duhul cel bun al harului Său peste voi,

Să vă binecuvânteze pe voi Domnul Dumnezeu Tatăl, cu îndurările Unuia-Născut Fiului Său, cu Care este binecuvântat, împreună cu Preasfântul și bunul și de viață făcătorul Său Duh, acum și pururea și în vecii vecilor. (poporul zice Amin)

Să vă binecuvânteze pe voi Domnul Dumnezeu, cu vrednicie și cu dreptate,

Să vă binecuvânteze pe voi Domnul Dumnezeu Tatăl, Cel negrăit și necuprins cu gândul, nevăzut, neajuns, pururea fiind și același fiind,

Să vă binecuvânteze pe voi Domnul Dumnezeu Tatăl și Unul-Născut Fiul Său și Duhul Său cel Sfânt.

Să vă binecuvânteze pe voi Domnul Dumnezeu, Care din neființă la ființă ne-a adus pe noi,

Să vă binecuvânteze pe voi Domnul Dumnezeu, cu binefacerile Sale cele arătate și cele nearătate,

Să vă binecuvânteze pe voi Domnul Dumnezeu, înaintea Căruia stau mii de arhangheli și zeci de mii de îngeri, heruvimi cei cu ochi mulți și serafimi cei cu câte șase aripi, care se înalță zburând, cântă, strigă, glas înalță și grăiesc: Sfânt, Sfânt, Sfânt, Domnul Savaot! Plin este cerul și pământul de slava Sa!

Să vă binecuvânteze pe voi Domnul Dumnezeu, Cel Sfânt și Preasfânt, El și Unul-Născut Fiul Său și Duhul Său cel Sfânt,

Să vă binecuvânteze pe voi Domnul Dumnezeu, a Cărui slavă este plină de măreție.

Să vă binecuvânteze pe voi Domnul Dumnezeu Tatăl, Care a iubit lumea atât de mult încât pe Unul-Născut Fiul Său L-a dat, ca tot cel ce crede într-Însul să nu piară, ci să aibă viață veșnică,

Să vă binecuvânteze pe voi Domnul Dumnezeu

Cuvântul, Cel Care a trimis pe Preasfântul Duh, în ceasul al treilea, Apostolilor Săi şi să nu-L ia de la noi, ci să-L înnoiască vouă,

Să vă binecuvânteze pe voi Domnul Dumnezeu, pentru rugăciunile Născătoarei de Dumnezeu, cea pururea fericită şi prea nevinovată şi maica Dumnezeului nostru, Ceea ce este mai cinstită decât heruvimii şi mai mărită fără de asemănare decât serafimii, care fără stricăciune pe Dumnezeu Cuvântul a născut,

Să vă binecuvânteze pe voi Domnul Dumnezeu, pentru rugăciunile Sfântului Ioan Proorocul, Înaintemergătorul şi Botezătorul, pentru Sfinţii măriţii şi întru tot lăudaţii Apostoli, pentru Sfântul (N), a cărui pomenire o săvârşim, şi pentru toţi sfinţii Săi;

Să vă binecuvânteze pe voi Domnul Dumnezeu, să vă trimită vouă dumnezeiescul har şi darul Sfântului Duh, întru miros de bună mireasmă duhovnicească,

Să vă binecuvânteze pe voi Domnul Dumnezeu, spre lăsarea păcatelor, spre iertarea greşelilor spre împărtăşirea cu Sfântul Duh, spre moştenirea împărăţiei cerurilor, spre îndrăznirea cea către El,

Să vă binecuvânteze pe voi Domnul Dumnezeu, spre bine să vă întocmească, după trebuinţa deosebită a fiecăruia: cu cei ce călătoresc pe ape, pe uscat şi prin aer împreună să călătorească, pe cei bolnavi să îi tămăduiască,

Să vă binecuvânteze pe voi Domnul Dumnezeu, doctorul sufletelor şi al trupurilor voastre.

Să vă binecuvânteze pe voi Domnul Iisus Hristos Dumnezeu, din sfânt locaşul Său şi de pe scaunul slavei împărăţiei Sale şi să vină ca să vă sfinţească pe voi, Cel ce sus împreună cu Tatăl şade şi aici în chip nevăzut, împreună cu noi este.

Învierea lui Hristos văzând, să ne închinăm Sfântului Domnului Iisus, unuia Celui fără de păcat. Crucii Tale ne închinăm, Hristoase, şi sfântă Învierea Ta o lăudăm şi o slăvim; că Tu eşti Dumnezeul nostru, afară de Tine pe altul

nu știm, numele Tău numim. Veniți toți credincioșii să ne închinăm sfintei Învierii lui Hristos, că iată a venit prin Cruce bucurie la toată lumea. Totdeauna binecuvântând pe Domnul, lăudăm Învierea Lui, că răstignire răbdând pentru noi, cu moartea pe moarte a stricat.
Slavă lui Dumnezeu pentru toate!

Bibliografie

1. **Biblia** sau **Sfânta Scriptură**, Editura Institutului Biblic şi de Misiune Ortodoxă, 2008.
2. **Liturghier**, Liturghia Sf. Ioan Gură de Aur, Editura Institutului Biblic şi de misiune al Bisericii Ortodoxe Române, Bucureşti, 2000.
3. **Triodul**, Editura Institutului Biblic şi de Misiune Ortodoxă, Bucureşti, 2010.

Bibliografie electronică

1. https://archive.org/stream/SfantulSimeonNoulTeolog-
   ImnurileimneleIubiriiDumnezeiesti/fantulSimeonNoulTeo
   log-ImnurileIubiriiDumnezeiesti_djvu.txt